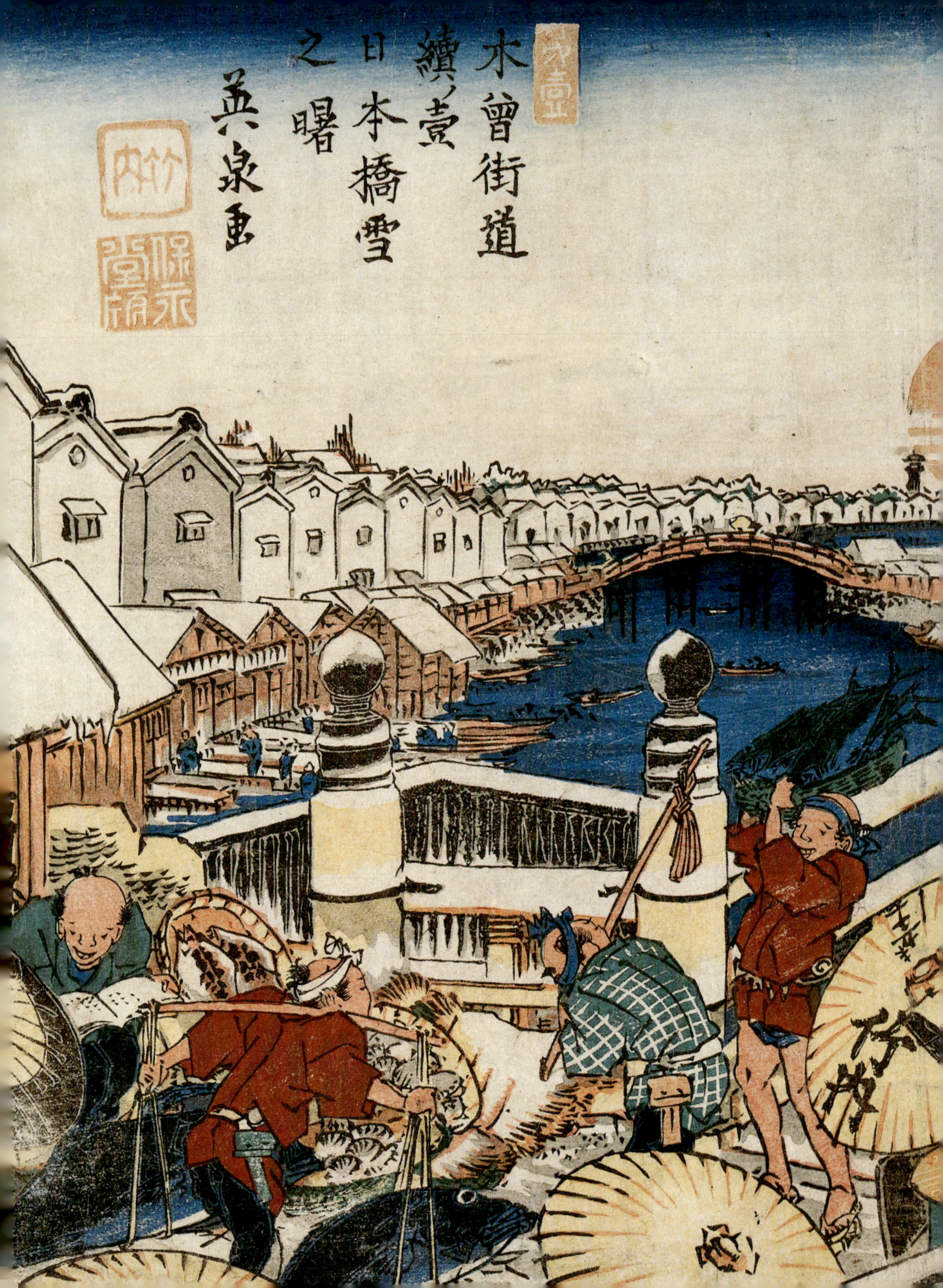
木曾街道
續ノ壹
日本橋雪之曙
英泉画
竹内
保永堂版

江戸の献立

福田浩　松下幸子　松井今朝子

とんぼの本
新潮社

目次

はじめに

松井今朝子

小学一年生の時、担任の先生から「おうちのお商売は？」と尋ねられ、「日本料理屋です」と答えたら、「お寿司屋さん？　うどん屋さん？」と再度問い直されて返事に困ったのを想い出す。半世紀前、世間一般はまだそれくらいの認識で、京都の祇園《ぎおん》町でも割烹料理屋は通りにわが家一軒のみだったから、飲食店とその手の情報が巷に氾濫する昨今の状況には感慨深いものがあるのだった。

一方で半世紀前は家庭料理が概《おおむ》ね「和食」で、プロの日本料理というイメージが却《かえ》って浮かびにくかったのだろうと思う。今やその「和食」もユネスコの世界文化遺産に登録申請したくらいに、保護する必要が出てきたのはなんとも皮肉な話だ。

ともあれ私たちが「日本料理」という際に漠然と浮かぶ刺身、焼き魚、お吸い物、煮物といった料理は一体いつ頃から始まったのだろうか。誕生した時期はさまざまでも、ワンセットで完成されたのは江戸時代であるという見方が強いようである。それまでは他の文化と同様に料理文化の中心も京にあった。広大な関東平野と東京湾に挟まれた江戸の町は内陸の京都よりも食材の入手に恵まれて、日本料理をより豊かに、且《か》つ新鮮さを重要視するものへと成長させたのは確かであろう。

『南総里見八犬伝』で知られる曲亭馬琴《きょくていばきん》は数え三十六歳のときに上方《かみがた》へ遊学して『羇旅漫《きりょまん》録《ろく》』（一八〇二）という紀行を著したが、その中で料理だけはハッキリと「江戸人の口にはあはず」としている。京には大坂から海の魚も入って来てはいたが「夏は多く腐敗す」と書かれ、まず鮮魚の乏しい欠点を指摘している。大坂では当時江戸にまで鳴り響いていた有名料亭「浮瀬《うかむせ》」に行き、「名ほどは高からず」とバッサリ斬り捨て、こと料理に関しては江戸のほうが断然優れていると馬琴は主張したのだった。

江戸っ子の馬琴だけが判断したのでは心もとないが、大坂生まれで三十歳にして江戸に移住した風俗史家の喜田川守貞《きたがわもりさだ》も『守貞謾稿《もりさだまんこう》』（一八五三）の中で双方の料理屋に関して次のように書いているのは面白い。「京坂より江戸は勝り、江戸より京坂はその製劣れり。実に今の江戸の製食は至れりと云ふべく、京坂には未熟のことあり」。つまり江戸時代の後期には、さまざまな文化の爛熟と軌を一にして、料理もまた江戸の地に軍配があがったのではないか。

ところが昭和初期は、東京っ子の谷崎潤一郎が「今日では東京でうまい料理屋と云へば、大概材料を関西から取寄せ、関西風に調理する家ばかりである」と書くようになった。これは谷崎自身をも関西に移住させた関東大震災によって、江戸文化の名残が完全に消滅し、関西割烹が続々と東京に進出した時代を表しているのだった。

料理はまぎれもない文化である。人類が海水や火の発見を通して最初に生みだした文化といえるのかもしれない。そこには土地や時代が反映され、他の文化と同様に消長の歴史がある。料理を知ることで、人はその土地を、その時代を、それを食した人びとの心を知ることにもなる。

この本では江戸時代に生きた人びとの日記や手記から再現した料理を紹介している。再現したのは大塚の料理屋「なべ家」の主人であり、これまでにも数々の文献を元に江戸料理を復活されてきた福田浩氏。今回の元になった文献は江戸料理研究家の松下幸子千葉大名誉教授がセレクト監修し、併せて懇切丁寧な解説をされた。

私はただ再現された料理に舌鼓を打ち、適当な感想をいわせてもらうだけの文字通りおいしい役まわりだったが、拙文を記すに当たっては当時に食べた人たちの心にできるだけ寄り添うようにした。お読みになった方が「和食」を大切に育んできた日本人の心に少しでも触れたと感じてくだされば幸いである。

鼎談

飲み食いこそが江戸の華

福田浩　松下幸子　松井今朝子

素材も味も食べかたも、
「日本料理」は江戸時代に始まった。
おかず、外食、料理本、
江戸と上方の違いなど、
再現料理を味わうまえに
知っておきたい
当時の「食」の常識とは——

❖この鼎談は九月の献立［90頁〜］の試食後に行なわれました。

江戸の庶民にとって外食といえば屋台だった。
おでんやイカ焼きなどを売る屋台の様子。
鍬形蕙斎《近世職人尽絵詞》　部分
江戸時代（19世紀）　東京国立博物館蔵

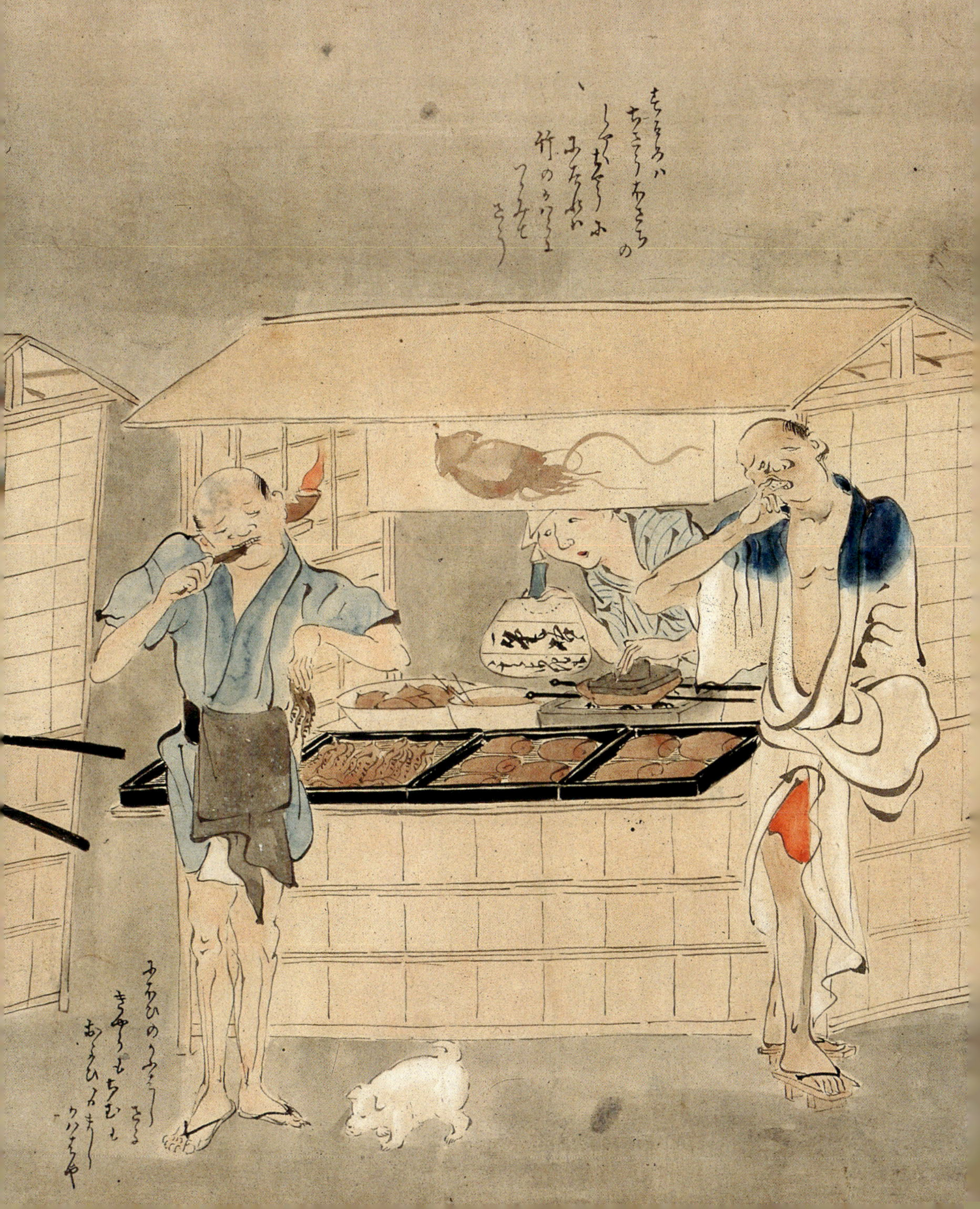

鯉から鯛へ

松井　今日のお献立［90～97頁］は、職務引き継ぎのお祝いか何かですよね。だから鯛《たい》を使ったんでしょうか。

松下　そうですね。おめでたいときは鯛。おいしくて、見た目がよくて、それと語呂合わせでめでたい。江戸時代って、すごく身分にうるさかったでしょう。お魚にも身分があって。『黒白精味集』と『古今料理集』という料理書に、いろいろな魚を上中下に分けてある。それをリストにしてみました。ちなみに鯛が一番になったのは江戸時代からで、室町時代は鯉《こい》が一番でした。

松井　フグと鮪《まぐろ》は下《げ》なんですね。今なら高級でしょう。あと鱒《ます》や鮭《さけ》が、すごく上位に来てますね。

松下　脂っぽいのがあまり好きじゃなかったらしい、江戸時代の人は。

松井　ニシンが下ですものね。

松下　あと、たくさん獲れるものはやはり下。鰯《いわし》がいつも下なのは、そのためだろうと言われています。

松井　コノシロも下です。コノシロって、コハダですよね。お寿司ではコハダは必ず出てきますけれども。

松下　屋台のお寿司は安くて下賤な食べ物だったから、安い魚を使ったんでしょう。鮪も天保（一八三〇～四四）の頃にすごくたくさん獲れて、同じころ醬油が江戸にも出回り始めて、鮪のお寿司がはやった。

松井　鰹《かつお》は意外に中。でも初鰹だけは、すごく珍重したわけですよね。

松下　それも実は明和・安永（一七六四～八一）の頃から文化・文政（一八〇四～三〇）の頃までで、上方では全然そういうことはなくて、その時期の江戸だけの特徴なの。

松井　関西は瀬戸内海の魚が中心で、外洋の魚は食べなくて済んだんだと思うんです。『浪花の風』という随筆に、鰹は毒魚だと書いてある。たぶん輸送中に腐りやすかったんでしょう。

松下　今日のお献立の魚の塩焼は、季節的にイサキですが、原典ではスバシリでボラの幼魚です。今はあまり食べませんが、江戸時代の料理書にはボラはよく登場しています。室町時代では正式の饗膳には鯉を使い、鯉がない時はボラを、二つともない時は鯛でもよいと当時の料理書に書かれています。

松井　ボラは何で食べなくなっちゃったんでしょうね。

（福田氏登場）

福田　川と海とを行き来しているんですよね、ボラって。オボコ、スバシリ、イナ、ボラと、成長するにつれて名が変わる出世魚で膾《なます》や焼物にしますが、ちょっとくせがあるんですね。

松井　江戸時代にはよく食べていて、今はあまり食べない魚は、他にもありますか。

福田　海のものより、川のものは以前ほど食べなくなっているようです。

松井　京都でもゴリ、モロコのたぐいは子供の頃しょっちゅう食べていましたが、どんどん外来魚に駆逐されちゃったという話です。

松下　福田さん、改めまして、ご馳走さまでした。

松井　本当においしくいただきました。

福田　お粗末さまでした。

松井　びっくりしたのは、キスの味噌澄し仕立てです。澄し汁に見えるのですが、食べると味噌の香りがする……。

福田　あれは普通にとった味噌汁を、さらしの布で漉します。二回か三回漉しますと、すこし透明感のある汁ができます。

松井　今では考えもつかない手間のかかる調理法ですね。

福田　これは想像ですけれども、昔は酢、塩、味噌が主たる調味料でしょう。醤油はまだ後からですから。そうなると、朝から晩まで味噌とつき合っていますから、普通の味噌汁が嫌になっちゃうこともあったんじゃないでしょうか。夏場なんかは、澄んだ味噌汁ができれば、すっきりした気分になります。

松井　当時、味噌は自家製、手前味噌ですよね。

福田　大体そうでしょうね。僕は、一般家庭の味噌汁というのは、だしはとらなかったんじゃないかと思います。味噌がおいしいですから、今よりは。

松井　鯛の膾にかけた煎酒《いりざけ》というのもおいしかったです。

松下　煎酒は、酒に梅干と鰹節を入れて煎じ漉したもので、室町ごろからある調味料です。作るのが面倒なのと保存がきかないのとで、後には醤油にとって替わられました。ただ白身の魚によく合い、赤身には合いません。

松井　魚の練り物もよく作ったのですね。

福田　少しでも材料を無駄にしない知恵でしょう。刺身の手くずなどがあればすり身にします。すり身を茹でたものがつみれで、すり身に何割かの山芋を入れたものがはんぺんです。

松下　卵白を入れるとしんじょになる。

外食都市・江戸

松井　私の実家は料理屋なので、厨房に立つのは男の人だという感覚があるんですが。

福田　料理書の挿絵を見ると、大体男性が料理をしてます。

松下　錦絵で田楽を作ったり鰹をおろしたりしているのは、女の人ですね。でもあれは、錦絵では女の方が絵になったから、らしいです。

松井　遊郭でも、包丁人は男性ですよね。

松下　職業人としての調理人は男ですが、普通の家庭は、男子厨房に入らず、だったでしょう。男の人はそんな下賤なことは絶対やらない。

松井　その境目は、どのあたりなんでし

上／豆腐屋(右)とかまぼこ屋。豆腐屋の右奥では老女が油揚げを作っている。
かまぼこ屋では鮫を捌いて練り物を拵える。
鍬形蕙斎《近世職人尽絵詞》　部分　江戸時代(19世紀)　東京国立博物館蔵

たけのこを刻む。
『素人庖丁』より（以下同）

ょうね。

松下　大きな武家だったら、それなりの調理人がいたわけで、もうちょっと下だと奥方が指図をして人にやらせた。でも庶民の家庭で料理するのは女だと思います。

松井　ただ、もともと江戸は女性の人口が少ないですよね。だから飯炊きから何から、普通の単身赴任者だったりすると、男の従僕にさせたんですよね。

松下　確かに独身の下級武士だと、当然のように自分で料理しています。

松井　奥さんを持てればともかく、そうでなければ、女より男のほうが雇いやすかったはずですよね、江戸という町は。

松下　あと、お料理しないでいいように振売《ふりう》りがいっぱいいました。納豆も煮豆も、みんな担いで売りにきて、呼びとめて買えばいい。

松井　関西に比べると江戸では振売りが非常に多いと、書いてありますよね。単身赴任者用のコンビニのようなもので。

松下　コンビニどころか、向こうから売りに来てくれるんで、とても便利だったみたいです。種類もいろいろあったようです。

福田　それを買っていれば、料理しなくても、まあ何とか食べていける。

松下　それと長屋では、台所が本当に流しだけでしょう。よく天麩羅《てんぷら》をうちでしましたかなんて聞かれるんですけれども、絶対それはできない。道具がないですもの。

福田　だから、長屋の庶民は、御飯ぐらいは七輪で炊いて、おかずは買って済ませたりしたんでしょうね。現代と全く同じような状態（笑）。

松井　あと、結構手軽な外食がありました。天麩羅やお寿司。

松下　たまには外でそういう屋台の安いものを食べて、ふだんはお金がないから、自分のうちで香の物と味噌汁ぐらいで済ませていたんじゃないでしょうか。

おかず番付

松井　関西は、ふつう晩ご飯に炊き立てを食べて、朝は冷たいご飯でお茶漬けや粥にしたみたいなんですけど。

松下　『守貞謾稿』にも、江戸では、朝、ご飯を炊いて味噌汁とともに食べる。昼は冷や飯で、野菜か魚肉などの一菜を添え、夕方はお茶漬けに香の物。京坂は昼にご飯を炊いて、煮物あるいは魚または味噌汁など二、三種を添え、朝と夕方は冷や飯にお茶、香の物、と書いてあります。

松井　逆ですね。やはり上方は商家が多かったせいでしょうか。

松下　京都の方は伝統があるけれども、江戸っていう町は全国から集まってきた人の社会だから、食習慣もごちゃまぜでわからない（笑）。

松井　でも、いまだに関西人が納豆を食べないのは、そのせいだということを聞きます。納豆って朝食べるじゃないですか。でも関西人は朝熱いご飯を食べなかったからだと。

　階級によって違うんでしょうけれども、うちで作るおかずというのは、どのくらいのバリエーションがあったんでしょう。

松下　これ、天保の頃の家庭のお惣菜の番付で「日用倹約料理仕方角力番附」というんですが、よく食べるものが上位に来ています。魚では一番大関が目刺しの鰯。表の真ん中に、別格の柱があります。

松井　柱はぬか味噌漬け、たくわん漬け、梅干、でんぶ。常備菜ですね。

松下　大関の八杯豆腐というのがどんなものか、福田さんにお聞きしたくて。

福田　醤油が一杯、酒が一杯、水を六杯、合わせて八杯。ちょっと辛あじですが、おかずですから。

松下　それから強いのはきんぴらごぼう、煮豆、焼き豆腐。

福田　もう今と同じですよね。全く変わらないですよ。スーパーで一番売れるのは、きんぴらごぼうとおからだっていいますからね。

うどんと蕎麦

松井　おだしの話もお聞きしたいと思って。

福田　だしは、江戸は鰹節一本槍です、昆布は使わない。だけど戦後になって、京都風、関西風の傾向が強まりましたから、今は普通のお店は昆布と鰹節を併用しているし、その方が理屈からいってもおいしいだろうと思います。ところが昆布が入りますと、時間が経つと、昆布のうまみが濁りになって出てくる。鰹節だけでとっただしはずっと澄んでるんです。あと、昆布は大坂が一手に引き受けていましたから。

松井　昆布は北前船《きたまえぶね》が大坂に運んじゃうからなんですね。

福田　だから江戸は鰹節しかない。それで、鰹節のだしにちょっとお醤油を垂らしたものが、江戸のおすましとして決まりになった。今でも東京で、多少江戸前にこだわっている店は、昆布使わないで鰹節だけです。反対に、上方は昆布が主体ですよね。

松井　はい、あと、こちらはじゃこはあまり使わないですね。関西ではうどんといえばじゃこのおだしなんです。

福田　東京で言う煮干しですね。うどんには、あれはこくがあっていいでしょうね。

松下　あちらでは今でも、お蕎麦よりうどんの方が人気があるんですか。

福田　それは大坂は、蕎麦なんか目じゃないです。上方はうどん、江戸は蕎麦と相場が決まっていますが、蕎麦屋の品書きはうどん、蕎麦の順で、今もそのようです。

松井　歌舞伎の『助六』で、「福山のかつぎ」という出前持ちが登場して、彼が運

柿の実を刻む。

んでいるものを助六が悪人の頭にばっとぶっかけますが、あれはうどんなんですよ。

松下　確かに絵で見ると、看板は江戸でも「うどん、蕎麦」です。それで安永五年（一七七六）に『化物大江山』という黄表紙があって、いい方がお蕎麦で悪役がうどんで、やっつけられて江戸からはうどんがなくなったっていうお話。

福田　それはうどんと蕎麦の歴史をそのまんま写しているわけです。

松下　最初はうどんだった。でもある時期にお蕎麦ができて、江戸ではみんなお蕎麦になった。何ででしょう。

福田　気質の違いでしょうか。

松下　江戸っ子は気が短いからお蕎麦ですか（笑）。

福田　味覚の点で昆布と鰹節、薄口醤油と濃口醤油、あと、小麦と蕎麦の産地の問題もありましょう。

松井　うどんの屋台もあったんですよね、江戸時代に。

松下　ありました。特に京坂で、夜鳴きうどん。対する江戸は、夜鷹蕎麦。

松井　落語でも「時そば」が上方だと「時うどん」になりますよね。実は私、東京の友達とお正月を過ごしたときに、年越し蕎麦をかけにするか、もりにするかというんですごくもめたんです。私の感覚だと絶対にかけなんですよね。

福田　東京は大体もりが多いかも。

松下　京都はかけなんですか。

松井　はい、もりを食べるという発想はまったくなかったんです。だって冬の寒いときに、そんな冷たいものを（笑）。

福田　それは確かにおっしゃるとおりですね。

松下　江戸時代の屋台では、二八蕎麦の絵がたくさんありますが、あれは全部かけなんですね。

福田　そうですね、屋台のやつは。

松下　あれは夜だけなんですって。昼間は出ない。寒いときですから、温かくなきゃだめなわけです。ゆでてあった蕎麦をさっとお湯であたため、熱いそば汁《つゆ》をかけて出す。

松井　駅の立ち食い蕎麦と一緒ですね。

松下　もう一つ屋台といえば天麩羅屋ですが、屋台の天麩羅屋は串刺し？

福田　たぶんそうだったと思います。

松下　なぜそう思ったかというと、屋台の天麩羅屋の店先に串が刺さっている筒が置いてある絵を見たんです。それと、「天ぷらの店にめど木を立てて置き」という川柳があって、めど木は占いに使う筮竹《ぜいちく》のことで、長さは十五センチから三十五センチぐらい。

福田　串が長ければ縁にかけて揚げられると思いますね。短かったらそのまま放り込んじゃう。

松井　串揚げみたいな感じですね。そうやって屋台で食べるというのは、普段はうちで食べている人が、ちょっと外食しようかというイメージだったんですかね。

松下　やはり普段の食事よりはちょっといいんじゃない。

福田　手っ取り早いというもの。

料理本の時代

松井　江戸時代には料理本がたくさん出ていますが、例えば『豆腐百珍』とか、一般の人が読んでいたんでしょうか。

福田　割と読んでいたのではないかと思います。

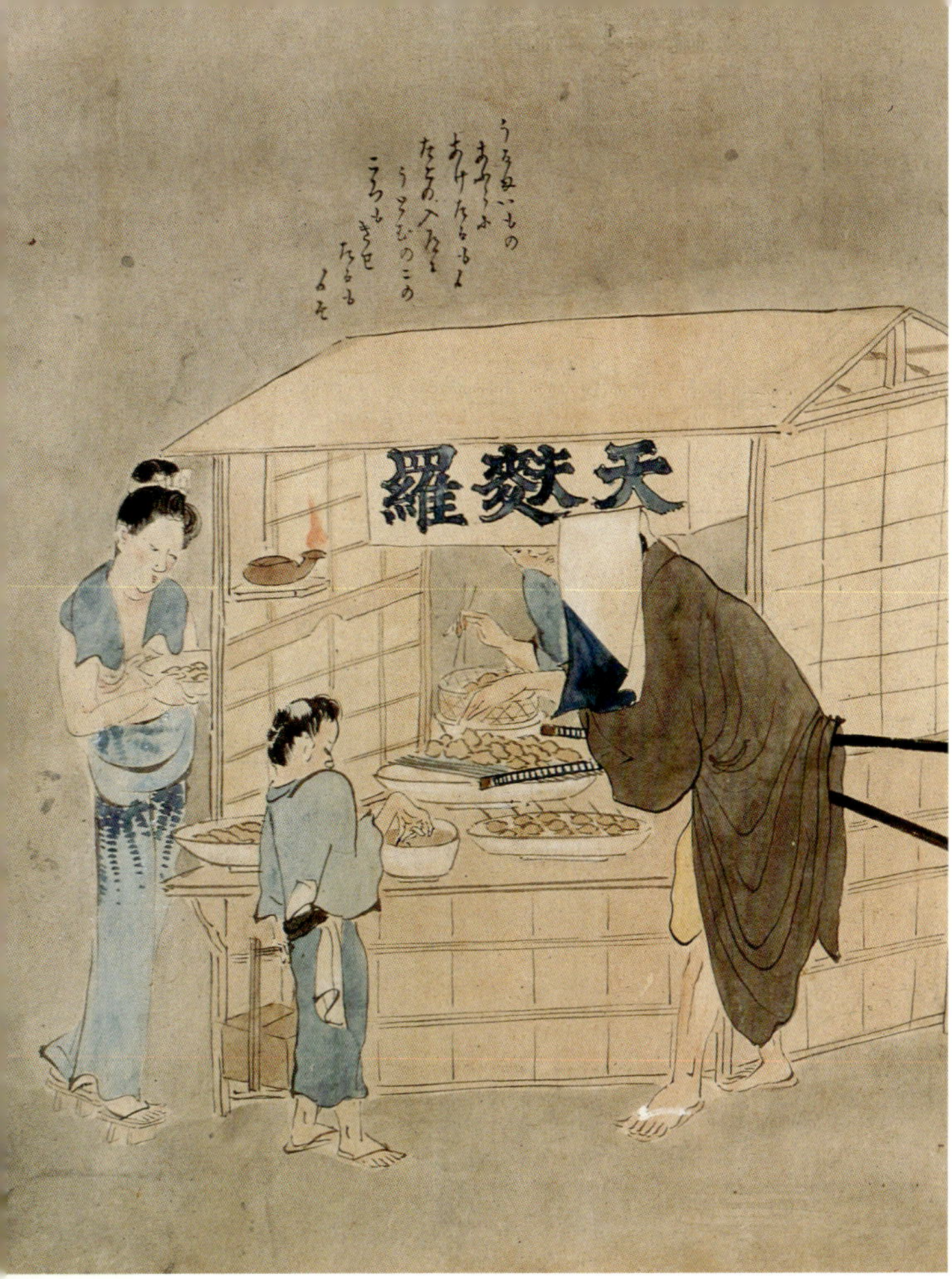

松下　貸本が盛んで、貸本屋が担いで歩いて回ってきた。かなり読んだんじゃないかという説もあります。

松井　それをもとに家庭で料理を作ったりしたんでしょうか。

松下　道具がないから、普通の家庭ではこみ入ったことは絶対できない。だからやはり、料理本を参考にしたのは料理屋とか、かなり大きい商家ですよね。

福田　食べ歩きの好きな人が懐に忍ばせて行って、こんなのを作れって言ったんでしょう。

松下　江戸で本格的な料理屋ができたのは江戸後期から。それ以前は、明暦の大火（一六五七）後に浅草にできた奈良茶の店が外食店の始まりといわれ、小さな店はいろいろあったようです。

松井　料理屋は、天明期（一七八一〜八九）は留守居役の接待が盛んでとかいう、あのあたりからですよね。

松下　だから江戸時代って一口に言うのは困るって、しょっちゅう言うんです。だって三百年近いわけでしょう。明治から今までだってそんなにないわけで、だから江戸時代といっても前期と後期ではすごく違うはずなんです。大体宝暦（一七五一〜六四）以後、江戸が栄えた。それまではなんでも、上方からの下《くだ》り物《もの》がよしとされたわけですから。

松井　お酒も下り酒でしたよね。でも『守貞謾稿』や滝沢馬琴の紀行文を読むと、料理は江戸のほうが断然いいとあります。

松下　馬琴は江戸の人ですから（笑）。

松井　でも、大坂出身の喜田川守貞でさえもそう書いているというのは、江戸末期には、関西よりも江戸の方が料理は圧倒的に上だったんだろうと私は思っているんです。

福田　それは時代の勢いが、江戸にありますから。

上／顔を隠して屋台の天ぷらを食べる武士。
鍬形蕙斎《近世職人尽絵詞》　部分
江戸時代（19世紀）　東京国立博物館蔵

松井　ことに寛政（一七八九〜一八〇一）以降は江戸の方が文化的にもずっと優位に立ちますしね。

福田　それは、京都からいただいた文化、大坂から伝わった文化が、五十年、百年、と時代がたつうちにどんどん江戸化していくわけじゃないですか。僕は食べ物で、東京が威張れるのは寿司、蕎麦、天麩羅、鰻《うなぎ》だけと思っているんです。でも、それらは全部西から来ているんですよね。天麩羅だって、九州から伝わった、もともとは外国の料理というし。寿司も、やはり近江の鮒寿司や押し寿司がもともとあって、江戸の人間は面倒くさいから握っちゃったと。鰻だけは、不思議なんです。寿司は手っ取り早く作る。蕎麦も、とにかくぱぱっとできる。そのくせ鰻だけ背から割いて、串打って、蒸して焼いて、また焼いてっていう、なんであんな面倒くさいことを江戸の人が考えたのか。

松井　蒸すということを発見したのがすごいですよね。

福田　脂っこいのがよほど嫌いだったんですね、江戸の人は。

味の東西

福田　不思議なもので、川を渡ったり、峠を越えると、食べ物が変わったりするじゃないですか。お餅の丸と四角が関が原あたりで分かれる、とか。

松井　今でもテレビ番組でリサーチしたら、おにぎりの海苔を焼海苔にするか味つけ海苔にするかは、ちょうど伊勢の亀山あたりが境だったとか。東は焼海苔で、関西は味つけ海苔なんですって。形が俵型か三角かというのも気になります。

福田　東京はどうしても、三角にしちゃうんですね。俵型というのは、まずやらないでしょう。

松井　上方は俵型です。だから私、三角のおにぎり握れない。あと、昔「サザエさん」を読んだときに、サザエさんがお餅を切るというシーンがあって、意味が全然わからなかったのを覚えています。丸餅だからなんですね、関西は。

福田　東京はのし餅ですからね。味、違うんです。断然丸餅の方がうまいんですよ。だってついたやつを手で丸めるわけでしょう、ぽんぽんぽんぽんと。東京は江戸の昔からのしちゃって、角に切るでしょう。市販の餅も、丸餅と切り餅を食べ比べたら、もうだれが食べたって、丸餅がおいしいと思いますよ。悔しいんですけれども、こればっかりは。料理って包丁を入れるたびにまずくなるもんでして。切ると、そこから味が逃げていく。だから四角に切った餅は四方から味が抜けていくわけです。江戸っ子そっくりで

すよ（笑）。

松下　現在でも、お料理が京風と東京風とまるで違うのは、びっくりですね。他のものはみんな同じになっちゃっているのに。

松井　料理は頑なに違いますよね。東京に来て、うどんの汁が黒いのにもびっくりしましたが、あと、葱が関西では青いんです、青葱ですよね。だから私、東京に引っ越してきたばかりのときに、葱の白いところを全部捨ててたんですよ。何て食べるところの少ない葱なんだろう、って（笑）。

松下　食べ物が一番保守的だって言います。その元になっている江戸時代の献立を再現してもらえるのは楽しみですね。

福田　お手柔らかにお願いいたします。

松井　こんなにおいしい仕事はめったにありません（笑）。

勝川春亭描く江戸の鰻屋。割き（右）、焼き（左）、食べる（奥）。文化4年（1807）財団法人味の素食の文化センター蔵

一月

大店のお正月

文化十二年（一八一五）一月一日

『家内年中行事』より

『家内年中行事』

元禄十二年（一六九九）創業の、日本橋の鰹節商「にんべん」髙津家に伝わる文書。文化十二年（一八一五）以来の、正月・節分・盆など節目節目の行事における献立や作法を記録してある。今回は、その文化十二年の元日の献立の再現である。

雑煮
花かつほ
餅
芋
菜

屠蘇酒

箸
箸包半紙
紅白水引
銘々 名前印
田作二尾宛はさむ

膾
大こん
にんじん
ごまめ

「食」の伝承

松井今朝子

江戸料理の醍醐味はやはり椀物にあり、出汁《だし》は昆布をまじえぬ鰹節一本槍のすっきりした味わいが身上のようである。

その鰹節の老舗で知られる「にんべん」の創業家で、およそ二百年前から残る年中行事記録に基づいて、正月料理が再現された。

むろんお雑煮は鰹出汁で、焼いた切餅と茹でた里芋と小松菜を入れ、花鰹を添えただけのシンプルなお椀が、濁りのない出汁の旨みを存分に発揮していた。

雑煮はもともと保臓《ほうぞう》と呼んで、五臓を保養するという意味があったとの説もあるが、同じ名で全国津々浦々これほど千差万別の料理もなかろうと思う。だからこそ、わが家と違うお雑煮に接したときの驚きは大きいし、各家庭でそれなりのこだわりもあろうというものだ。

ちなみに京都生まれの私が子供の頃にわが家で食べたお雑煮は、ベースが白味噌仕立てなのは周知の通り。そこに里芋と鏡大根と丸餅だけを入れた、見た目が真っ白な、これまたシンプルなお雑煮だった。

平
焼豆ふ
にんじん
ごぼう
里いも
蛸

ただし、父と長女である私のお椀には里芋のかわりに頭芋《かしらいも》が入っていて、お餅に箸をつける前にまずそれを完食しなくてはならない。頭芋とはヤツガシラのことで、お椀いっぱいにふさがる巨大な芋と格闘するうちに、白味噌はどろどろしたグラタン状になって、しかもこれが甘ったるいときている。江戸前のすっきりした味わいとは百八十度ちがうこの京都のお雑煮を、私はほとんど憎んでいたといってもよい。当時は白味噌自体に辟易《へきえき》した。

にもかかわらず、関東に移住して四十年たつ今日、年末にはわざわざ京都から白味噌を取り寄せてしまう自分がいる。さすがに頭芋は入れないが、必ず丸餅を使い、昆布だけで出汁を取る。使い方を知らない人が見たらびっくりするほど大量の白味噌を出汁に入れて、それをまたじっくりポタージュ状に煮つめることで、子供の舌が嫌々キープしたお雑煮の味を無意識のうちに再現しているのだ。

お雑煮にかぎらず、正月料理に関しては、先祖代々ぼんやりと意識せずに伝わっているのが、地方の旧家ならそう珍しいことでもなかろうと思う。しかしながら「にんべん」の創業家である高津家は、東京のど真ん中で、それを詳細な記録と共に今日まで伝えてきた点が特筆に値する。時流の荒波が激しい大都会では昔ながらの家業を存続させるだけでも至難のわざだし、日常的な家事の伝承などはよほど意識的に受け継がないとあっさり途絶えてしまうはずだ。それが途絶えなかったのは、やはり仕事がら「食」に対する思い入れが深かったせいではなかろうか。

そして今や思い入れがなければ決して昔の「食」は再現できない。なぜなら、まず食材の入手が困難だからである。

たとえば今回でいうと、硯蓋《すずりぶた》の口取りにしたかち栗。名前だけはよく

通っているが、実際に食べた覚えがある人はかなりの少数派ではなかろうか。

かち栗は「勝ち」に通じて縁起がいいので昔から武家の出陣や凱旋の酒宴によく用いられ、また正月にも欠かせない食品とされていた。製法の過程で「搗《つ》く」作業が入り、本来は搗栗《かち》と書くのが正しい。

江戸の百科事典『和漢三才図会』（一七一二）によると、古くなった栗を殻付きのまま藁か何かで連ねて晒し干しにし、やや萎んだときに臼で搗いて殻と渋皮を取り去ったもので、こうすると身は黄白色で堅いものの、味が甘くなるらしい。要は乾燥栗で、食べる際は湯で柔らかくもどすのが基本だ。今回の調理ではとてもソフトで食べやすくなっていて、山梔子《くちなし》できれいに色づけもされていた。

日本でつとに名高いこの食品は、今や国内産がほとんどなくなったため、高津家ではわざわざイタリア産を取り寄せているそうだ。

こうしたこだわりがあることを認めても、高津家の元日を賑わす食卓は現代人の目から見れば思いのほか淋しい気がする。朝はシンプルなお雑煮だけ。昼は紅白の鱠《なます》に干し大根の汁、メインディッシュの平《ひら》（煮物）は蛸《たこ》を除いて精進ばかりだ。お正月だけでも日本人らしい贅沢をしてみようと、デパートで豪華なおせちを注文する向きとは対極にある献立といってもよい。

ところで創業当初は「伊勢屋」の看板を掲げて、主人の名が「伊兵衛」で、共に「伊」のニンベンから商号が定まった高津家は、当主が代々襲名をしている。私は今回のことで十二代目高津伊兵衛夫人の慶子さんとお目にかかる機会を得た。

見るからに品の良い、おっとりとした佇まいで、大店《おおだな》のお内儀かくや

という印象の慶子夫人は次のように語られた。

「お正月は、お雑煮も何もかも、なるべく当時のままの質素な食事にして、ご先祖さまのご苦労を偲べれば、と思うんですよ」

仏間にも大晦日から初代と三代目、四代目の肖像を画いた絵軸が掛けられるという。つまりはお盆と同様、お正月もまた先祖の遺徳を偲んで今日の繁栄を感謝する姿勢がよく窺《うかが》えるが、質素な食事を通じて先祖の存在を実感しようとするこだわりは、さすがに江戸以来の老舗ならではだろう。

デパ地下に人が群がり、お取り寄せブームに沸き、コンビニの残り物が大量に廃棄されるなか、食料自給率の著しい低下が叫ばれる飽食の国ニッポンで、高津家のようなお正月を迎える家庭は極めて稀にちがいない。

思えば伝統工芸や古典芸能などと比べても、「食」の伝承は意外に最も難しいのではなかろうか。

ここ半世紀のあいだでも、物流の発達や環境の変化によって食材や食品の多様化と変貌は凄まじく、日本人の味覚もずいぶん変わってきたが、一方で伝統食回帰の動きも高まり、ヘルシー志向もあって世界的に「和食」がブームになっている。ところが日本料理屋に生まれ育った私には、とても考えられないような「和食」がまかり通っている現実に、愕然とさせられることもしばしばだ。

「食」にかぎらず、傲慢な消費社会の中で商業主義に弄ばれた「和」の氾濫は、日本古来の心性《メンタリティ》とはおよそかけ離れたものだろうと思う。

高津家には、文化年間の記録に基づく質素なお正月料理と共に、慶子夫人の謙虚な精神も受け継がれてゆくことを願ってやまない。

『家内年中行事』より

文化十二年（一八一五）正月吉日

元朝

雑煮❶

花かつほ　餅　芋　菜

屠蘇酒

箸

箸包半紙　紅白水引

銘々　名前印

田作二尾宛はさむ

昼節

鱠❷

大こん　にんじん　ごまめ

汁❸

干大根　かつほ節入

平❹

焼豆ふ　にんじん　ごぼう

里いも　蛸

初売の節仲間の衆へ出す物

硯ぶた❻

きざミするめ　白昆布

角形かまぼこ　かちぐり　初夢漬

❶

老舗の正月

松下幸子

本書では、日記や記録にもとづく料理を再現しているが、今回は江戸時代の記録によって現在も作り続けられている正月料理である。記録は元禄十二年（一六九九）創業の、江戸日本橋の鰹節商「にんべん」高津家に伝わる『家内年中行事』で、六代目高津伊兵衛が、文化十二年（一八一五）に年中行事を計画的に行うことを定めたものである。正月に始まり月毎の行事、法事などについて、準備・贈答・料理の献立まで記録され、大正三年（一九一四）まで年によっては追加記入があって、形を変えつつ現在も行われている。

元日の記録から食の部分をとり上げると、

元朝

雑煮（花かつほ　餅　芋　菜）

屠蘇酒《とそしゅ》

箸　箸包半紙　紅白水引　銘々　名前印　田作《たつくり》二尾宛はさむ

昼節《せち》

鱠（大こん　にんじん　ごまめ）

汁（干《ほし》大根　かつほ節入）

平《ひら》（焼豆ふ　にんじん　ごぼう　里いも　蛸）

夕飯

鮭　鰤《ぶり》　塩鰹の類　但茶漬

三賀日夜　福茶（黒豆三粒　山椒《さんしょう》　三粒入　小梅銘々に入る）

料理法

❶**雑煮**　子芋は茹でるか蒸して手で皮をむく。花かつおを上置きする。

❷**鱠**　大根とにんじんは塩をして水気を絞り甘酢に半日ほど漬けたあと、新しい酢に漬け、頭と腹をとって酢に漬けたごまめを加える。

❸**汁**　皮ごと3ミリの輪切りにした大根で作った干し大根を水で戻し、温めた味噌汁に入れる。

❹**平**　焼豆腐、にんじん、ごぼう、里芋はそれぞれ煮含める。蛸は塩茹でのまま。

❺**大根の味噌漬**　香の物は味噌漬を本義とする、と『貞文雑記』にある。

❻**硯ぶた**　主に酒肴数種を盛り合わせる。古くは硯箱の蓋を器代わりに転用した。刻みするめは空煎りし、かち栗は二、三日かけて米のとぎ汁で戻し、ゆっくり茹でてから砂糖で煮含める。

❻

❹ ❷

❺ ❸

初売の節仲間の衆へ出す物

重詰　とそ　飯の菜

硯ぶた（きざミするめ　白昆布　角形かまぼこ　かちぐり　初夢漬）

刺身（こをなご　鮪）

吸物（かき　生海苔）

鍋焼（くわい　鴨　松茸　三ツ葉　ちくわ）

再現ではこの中から、高津家で現在も行われている元朝の雑煮・屠蘇酒と、昼の祝膳をとり上げ、客への接待献立の中の硯蓋を加えた。なお江戸後期には正月の通例となっていた重詰が、接待献立にしか見られないが、四日の朝食には重詰があり、前年末に準備したものは記載を省略したものと考えられる。

雑煮は高津家で作られているものを会長（十二代高津伊兵衛氏）夫人に教えていただき、焼いた角餅二つ、里芋二つ、小松菜、上置きに花かつおとした。箸包も夫人が作って下さり、屠蘇器（昭和四十八年製）もお借りしたが、盃には古くから伝わる「ミツカネにんべん」の紋がある。

昼の祝膳は文化十二年の記録そのままに現在も作られており、香の物として大根みそ漬を加えた。天保七年（一八三六）刊の『日用惣菜俎《にちようそうざいまないた》』に記載の正月の祝膳も高津家のものとほぼ同じで、江戸後期の通例だったらしい。

硯蓋は現在は作られていないので、福田氏による再現である。初夢漬は天保七年刊の『四季漬物塩嘉言《しきつけものしおかげん》』にもある茄子のからし漬で、「一富士・二鷹・三茄子」からの名である。

「にんべん」は現在、日本橋の「コレド室町」の一階に本店があるが、大店《おおだな》としては質素な正月料理を守り続けながら、時代に適応してきた老舗の底力を感じさせる。

二月

御畳奉行、朝まで痛飲す

元禄十四年（一七〇一）二月四日

『鸚鵡籠中記』より

鱠
あかがひ
ふな
をろし
やきがしら
わさび
九年母

『鸚鵡籠中記』

尾張徳川家奉行の朝日文左衛門重章（一六七四～一七一八）が記した日記。貞享元年（一六八四）から享保二年（一七一七）の三十四年間にわたって、日々の献立から当時の世相や事件まで書き遺した貴重な記録である。神坂次郎著『元禄御畳奉行の日記』で有名になった。

吸物
はたしろ
ふきのとう
みそ

汁
あさり
ひば

美食の源は手間暇

松井今朝子

かつて『元禄御畳奉行の日記』という新書が大ベストセラーになったのをご存じだろうか。今回の料理はまさしくその日記、正式には『鸚鵡《おうむ》籠中記《ろうちゅうき》』から再現されている。

尾張名古屋の城下町に暮らす中級武士、朝日文左衛門が二十六年六ヶ月の長きに渡って綴った『鸚鵡籠中記』が一般の目に触れるようになったのは一九六〇年代半ば、時あたかも「昭和元禄」と呼ばれだした時代だ。

神坂《こうさか》次郎氏が『元禄御畳～』の著作でそれを紹介されたのはずっとあとの八〇年代半ばだが、元禄の名にふさわしい享楽的な消費社会の傾向は一段と進んで日本全国すみずみにまで及んでいたように思う。同書はそうした社会風潮を背景に、平和な時代の武士＝サラリーマンのイメージを定着させて、その手の解説書のいわば走りともなった。

今回再現されたのは元禄十四年二月四日の料理で、およそひと月後には江戸城において浅野《あさの》内匠頭《たくみのかみ》と吉良《きら》上野介《こうずけのすけ》の刃傷沙汰が起きるが、むろん朝日文左衛門氏は事件と何ら関係がなかった。彼はこのとき二十八歳、御畳奉行に出世したばかりで順風満帆の人生行路にあったのだ。

それまで知行が百石だった彼は御畳奉行に就任して四十俵の役付き手当がプラスされた。詳細は省くが、年収がざっと四〇パーセントもアッ

二汁
たら
こんぶ

プした勘定で、住まいもお城に近くて広い屋敷になったらしい。

尾張藩の御畳奉行は今なら愛知県庁に勤める地方公務員だろうと思い、県のホームページで該当しそうな役職を探したところ、出納事務局の調達課長というのが一番近いような気がした。それよりとにかく地方自治体の部署と役職の多さに驚いてしまったけれど、今はいずこも行政に住民の厳しい目が光っているから、どの部署も必要とされ、職員はみな多忙であるにちがいない。

かつて公務員といえば、人員過剰により、少ない仕事にむりやり人数と時間をかける結果、ヒマを持てあましている印象が強かったもので、江戸時代の多くの武士はまさにその典型だった。畳に限った用度調達と管理が仕事の朝日氏にも、当然ながら大いなるヒマがあったことは日記で証明されている。

ヒマだからというだけでもなかろうが、彼は若いときから相当な酒飲みで、やがてはそれが命取りになった。親族らを自宅に招いて宴会を催したこの日も皆で四升の酒が入り、「寅前」すなわち午前四時前ごろまで飲んでいて、「翌日気分不快」と日記に書いている。そら当たり前でしょうが、としかいいようがない。

しかしながら、とかくヒマを排撃したくなるのは、あくせくした現代人の哀しさかもしれない。ヒマがあったからこそ『鸚鵡籠中記』が残されて、当時の世相を今日に活き活きと伝えてくれるのだから、人間のすることは、長い目で見れば、一体何が本当に役立つのかわからないのである。

決して悪いニュアンスを持たない「手間暇をかける」ということも、ヒマがあるからこそできるのだった。

ところで元禄といえば、かの悪名高き生類《しょうるい》憐《あわれ》みの令が出され、それが

に物

雁
くわひ
かわたけ
五文ぶ

かなりエスカレートしていた時期にもかかわらず、朝日家の宴会には少しもその影が差していないようだ。再現では鯵《あじ》に代えた鮒《ふな》と赤貝の鱠《なます》。鱈《たら》の汁。鴈《がん》肉の煮物などなど。魚鳥をふんだんに使った料理が並んで、私はそれらに舌鼓を打ちながら、なぜこんなに昔の料理がおいしく感じられるのかを改めて考えてみずにはいられなかった。

化学調味料はもとより、元禄はまだ醤油さえ関西以外の土地では手に入りにくい時代である。醤油に代わる役日をつとめた調味料のひとつは「煎酒《いりざけ》」で、各家では酒の中に梅干しや鰹節を入れて煮詰めるという手間暇をかけて独自に作っていたらしい。今回の料理では煎酒が鱠に用いられ、合わせ酢を使うよりもマイルドで深みのある味わいを感じさせたのだった。

鱠をさらにグレードアップするのは「やきがしら」である。これは文字通り魚の頭を焼いて細かく砕いたフリカケで、煎酒を使った鱠のほどよい酸味に香ばしい風味が溶け込んでいた。

料理人の福田さんは甘露煮用の小鮒を使って「やきがしら」を再現されたが、焦がし過ぎて炭にならないよう、弱火でひと晩かけてじっくりと火を通されたそうである。その手間暇をかけるのは今の家庭だと難しいけれど、台所に囲炉裏がある昔の家なら、魚の頭を串刺しにして、ひと晩そこに並べておくだけでよかったのではないか、と仰言っている。

今でもひょっとしたら、レンジかオーブンを巧く使えば作れなくもないような気がする。ただし軟骨が主体の頭でないと焼いても粉々に砕けるまでにはならないとのことで、鯛の頭は無理そうだが、鯵なら使えるかもしれない。

汁は三品も出て、浅蜊《あさり》汁が白味噌仕立て、鱈はお清まし、鰭白《はたしろ》とふきのとうは赤味噌でというバリエーションに富んだ味わいを存分に楽しめ

肴煮物

雁
な

た。中でも浅蜊汁は秀逸で、吸口の辛子と共に、「ひば」のぴりっとしたからみが白味噌の甘みをほどよく引き締めて、素晴らしいアクセントになっていたように思う。

「ひば」を漢字で書くと干（乾）葉となり、これまた文字通りの乾燥食品で、葉物野菜より大根の葉を陰干しにしたものが一般的だったらしい。どれだけの期間干すのかは気象条件によっても違ってくるし、また用途によっても異なるのだろう。

大根の干葉は食べるだけでなく、お風呂に入れて薬湯にするという民間療法も古くからあったようだ。思えばこれほどポピュラーで且つ使い勝手のいい野菜はないともいえる。

大根のからみ成分はイソチオシアナートといって、殺菌作用や血液をサラサラにする効果があるそうだ。ビタミンやミネラルも豊富で健康にいい野菜として知られているが、日本人はそんなことを知る以前から大根をよく食べていた。昔ながらの食品が科学的に成分調査された結果、急にまた持てはやされるという昨今の風潮はちょっとバカバカしい気もするのだった。

「やきがしら」も今ならカルシウム補給のサプリメントといわれるところだけれど、昔の人はただ単純においしいものは身体によかろうと信じて食べていたのだろう。

私は今回の再現料理にいたく刺激されて、「やきがしら」は無理だとしても、「ひば」くらいは自分で作って汁に添えたいと思うようになった。

元禄のプチぜいたくをしていた朝日家に見習って、世界中の食材や調味料が簡単に手に入る時代だからこそ身近な食材を使い、お金でなく手間暇をかけておいしいものを食べるという、実は本当のぜいたくがしてみたくなったのである。

『鸚鵡籠中記』より

元禄十四年（一七〇一）二月四日

忠兵家内・作右・源兵・源右・久右・加兵・お袖・武兵、私宅へよぶ

汁❶

あさり　ひば

鱠❷

あかゞひ　ふな　をろし

やきがしら　わさび　九年母

二汁❸

たら　こんぶ

に物❹

雁　くわひ　かわたけ　五文ぶ

香之物

肴煮物❺

雁　な

塩辛❻

吸物❼

はたしろ　ふきのとう　みそ

元禄の豊かさ

松下幸子

『鸚鵡籠中記』は、尾張藩士朝日定右衛門重章《しげあき》（宝永五年に父の名定右衛門を襲名、前名は文左衛門）の、貞享元年（一六八四）の八月二十九日から享保二年（一七一七）十二月末日までの、三十四年間の日記で三十七冊ある。重章が書き始めたのは元禄四年（一六九一）十八歳の時で、それ以前は後から父重村の記録などにより補遺したものである。全文の翻刻は『名古屋叢書』続編の九―十二巻にあり、本稿もそれによっている。

『鸚鵡籠中記』の書名は、鸚鵡の口真似のように見聞をそのまま書いたという意味といわれ、生活の実態や世相をありのままに記しており、飲食についての記事も多い。

再現した献立は、元禄十四年（一七〇一）二月四日の夜、同僚や親戚と思われる男女九人を自宅に招いての酒宴で、酒は四升、何人かは午前三時頃まで残っていて、重章は翌日気分不快で飲み過ぎを反省している。

献立は次のように記されている。

汁（あさり　ひば）、鱠（あかがひ　ふな　をろし　やきがしら　わさび　九年母《くねんぼ》）、二汁（たら　こんぶ）、に物（雁《がん》　くわひ　かわたけ　五文ぶ）、香之物、肴煮物《いりもの》（雁　な）、塩辛、吸物（はたしろ　ふきのとう　みそ）

料理法

❶汁　干葉は、大根の葉を、風通しの良い場所で晴天の日にからりとなるまで干す。

❷鱠　細作りにした赤貝と鮒（鯵）と、鮒などの魚の頭をゆっくり焼いてもみほぐした焼頭を、おろしと煎酒であえる。

❸二汁　鱒は酒蒸しにしてから椀に盛る。昆布は水で柔らかく戻してから結び昆布に。

❹煮物　雁（鴨）は叩いて丸にし、革茸・くわい・麩はそれぞれ甘煮にする。

❺肴　そぎ切りして油焼きした雁（鴨）は酒と醤油で味付けし、芹も煎りつける。

❼吸物　はたは先に蒸しておく。ふきのとうは本来は刻んで上置きに。

みそ汁の干葉《ひば》は大根葉を干したものである。

鱠の焼頭《やきがしら》は江戸時代の料理書にも稀にしかなく、調べてみると「鮒や鰡《ぼら》などの頭を眼を抜いて焼き焦がし、細かに刻んで鱠などに加える」とあり、再現では鮒の頭をこんがり焼いて用いたが香ばしく美味である。

　赤貝と鮒の身は下拵えをして、大根おろしと焼頭を加え煎酒で和え、酸味は添えた九年母《くねんぼ》を搾って加える。大根おろしを交ぜるおろし鱠はよく作られたらしく、料理書には「おろし鱠は酢のきくものゆへ酢の過ぎたるはよろしからず」とある。九年母は江戸時代には柑橘類の中で最も美味とされ、皮が緑のうちは酸味が強く、完熟して黄色になると甘くなるという。現在は入手困難で、浜離宮恩賜庭園サービスセンターにお願いして、庭園内の九年母の木から採っていただいた。今から二百八十年程前に、八代将軍吉宗がベトナムから象二頭を買い、唐船で長崎に着いたが雌は死亡し、雄だけが一年程かけて江戸に到着し、浜御殿（現在の浜離宮）で飼育された。九年母は象の餌にも用いられたそうで、浜離宮の九年母は歴史上有名な象を連想させる。

　煮物のかわたけは、清流で生育する藍藻《らんそう》類の川茸《かわたけ》と混同されやすいが、煮物であるから茸の革茸《かわたけ》で、香茸《こうたけ》の異名である。乾燥すると黒くなり香気を増す。五文麩《ごもんぶ》はよくわからないが、金額で五文くらいの麩と考えた。

　肴の熬物は煎物《いりもの》と同じで、魚鳥野菜を少ない煮汁で煮て煎りつけた料理をさし、この献立では雁と菜が材料なので、江戸時代に流行した煎鳥《いりどり》とした。

　定右衛門は百石どりの御城代組同心で、再現献立は二十八歳の時の自宅での酒宴であるが、魚介や鳥など食材も多様で料理は美味、元禄の豊かさをうかがわせた。

三月

黄門様、精進で宴会

元禄八年（一六九五）三月十日
『日乗上人日記』より

御さしみ
あぶらふ
すいせん
あげたうふ糸

『日乗上人日記』

水戸光圀が生母の菩提のために建立した久昌寺の住職として、わざわざ京都から招かれたのが日乗上人（一六四八〜一七〇三）で、光圀が寺の近くに西山荘を建てて隠居してからは、光圀の親しい相談相手でもあった。上人が綴った日記には、晩年の光圀の日々も丹念に記録されている。

御さかな
長芋の青みそ田楽
湯葉巻きけんちん
しらが人参

雑芋の御汁

江戸に渡来したベジタリアンフード

松井今朝子

四十年以上も民放のゴールデンタイムを占める名物ドラマのおかげで、水戸黄門こと徳川光圀《みつくに》は今や日本史上で最もポピュラーな人物のひとりといってもよい。高貴な人物が庶民に身をやつして諸国を旅するという、文化人類学の対象にもなりそうなストーリー設定は、テレビ以前に映画や講談でお馴染みだったが、むろん史実とは縁遠い代物だ。

もっとも、彼にはそうしたヒーローに仕立てられやすい種々のエピソードが昔からふんだんにあった。たとえば隠居後に百姓暮らしをして年貢まで納め、来訪者には自らさばいた鰹の刺身でもてなしたという話は『菜根百事譚《さいこんひゃくじだん》』が伝えている。

私が小学生の頃に読んだ伝記の中で、出典は未確認ながら、今も忘れないのは彼が新婚間もない頃のエピソードである。近衛家から嫁いだ新妻が、こちらは水が硬いせいで、どうも墨がすりにくいと訴えた。当時の江戸は開拓中の新興都市だけに、古き都のお姫様は馴染みづらくてよく愚痴をこぼしたのだろう。東国育ちの若い夫は水にまでケチをつけられて相当アタマに来たらしい。急いで家来を京に派遣し、鴨川の水を汲んで持ち帰らせ、それを黙って硯《すずり》に入れておいたら、今日はなぜか墨が

うどの御あへ物

すりやすいと妻が呟いたので、すっかり驚いて妻に兜《かぶと》を脱いだというお話だ。

そんな話をよく憶えているのは、自身が京都から東京に移住したせいだろう。まさか私はそこまで敏感ではないが、たまに帰郷すると、風呂水の肌触りが微妙にちがうような気はするのだった。

水や土壌、気候の違いはもちろん食材や調理法に反映されて、それぞれの土地にそれぞれの料理が誕生し、人の移動によって伝播《でんぱ》した。明朝の滅亡で中国大陸から日本に亡命してきた学者、朱舜水《しゅしゅんすい》が平打ち麺を伝えたとされることで、彼を師と仰いだ水戸黄門は日本で最初にラーメンを食べた人といわれるようにもなったのである。

しかしながら中国の料理を伝えたのはもちろん朱舜水が初めてではない。古代からいろいろと伝わってきたなかでも、鎌倉時代に禅僧がもたらした調理法や食材が、日本の料理に最も強い影響を与えたといってもよかろう。肉食を禁じられた僧侶が動物に代わる植物性タンパク質を求めて開発したさまざまな調理法は、精進料理と呼ばれて民間に広がっていった。

今回は光圀が母の菩提寺でもてなされた食事なのだから、当然ながら精進料理でなくてはならない。献立が記録された『日乗上人日記《にちじょうしょうにんにっき》』に「御さしみ」とあるのも、いわゆる魚の刺身ではなく精進物のはずだと、監修の松下幸子先生が主張された。

かくして日記にある「あぶらふ、すいせん、あげたうふ糸」が刺身として出されることになったが、最後の「揚げ豆腐糸」は油揚げを糸状に切ったものでよいとして、「油麩」とは果たして何ぞや？

「今は仙台に油麩と呼ばれるもんがあって、水戸は仙台に近いから、ちょっと迷ったんですけどねえ。なにせ時代が元禄なんで、やっぱり京都

からしたうふ

の大徳寺麩を使いました」
と料理人の福田さんはおっしゃった。
大徳寺麩は利休麩ともいって、子供の頃によく食べていた。生麩を醤油漬けして揚げたか、揚げて醤油漬けにしたものらしく、見かけは黒っぽいゴロンとしたかたまりだ。割ると中は小さなスがいっぱい入っており、牛のハチノスにも似て、より繊細なその独特の食感がたまらなかった。今回の料理では油揚げと同じように細切りにされていたので、食感を楽しむところまではいかなかったのがちょっと残念である。

そもそも揚げるという調理法は中国伝来に違いなく、植物性の食材だけでボリューム感を出そうとする精進料理には何かと揚げ物がついてまわる。今回その代表例として出されたのは「けんちん」だ。

けんちんといえば、ふつうに思い浮かぶのはけんちん汁だが、汁でも具材を胡麻油で炒めるというひと手間が必須のはずで、もとはといえば中国から伝わった「巻繊《けんちん》」である。すなわち千切りにした野菜類を湯葉で巻いて胡麻油で揚げた一品で、中華の春巻とも似ているけれど、野菜本来の甘みがもっと活かされたやさしい味わいだった。

京都の宇治には萬福寺《まんぷくじ》という黄檗宗《おうばくしゅう》の禅寺があって、開山は隠元禅師で、江戸時代に中国から来朝してインゲン豆をもたらしたとされる人物である。外観内装ともに中国風の珍しいスタイルが目に付くこのお寺と周辺の店では、禅師が伝えた普茶《ふちゃ》料理を今日に提供している。私は子供の頃にこのお寺で巻繊を食べた記憶もあり、全体にあっさりした中華料理を戴いたような印象だったのを想いだす。肉や魚の食感に似せたモドキ料理も何品か出たが、それらはいわれてみれば、そうかなあと思える程度。ただ魚肉類はなくても、麩や揚げ物が多かったので、全部食べ終われば、なるほど、まんぷく寺であった。

すい物

十九世紀半ばに英国で生まれたベジタリアンの思想は、世界的な健康ブームの中で躍進を遂げ、西洋流のベジタリアンフードも近年は相当に調理法が工夫されてきている。とはいえ東洋の精進料理ほど歴史はないから、植物性タンパク質グルテンを抽出した「麩」のような素晴らしい食品はまだ発明されていないようである。

さて、ここで刺身に話をもどすと、「すいせん」は漢字で水繊や水蟾と書き、やはり中国から渡来した食品で、『嬉遊笑覧《きゅうしょうらん》』は「すいせん是葛きりなるべし」としている。

たしかに葛粉を水に溶いて作るという製法の根本は同じでも、両者を食べ比べると食感はまるで違うのがわかる。

またしても子供の頃の話になるが、葛きりを最初に食べたのは近所の「鍵善良房《かぎぜんよしふさ》」という菓子舗で、透き通って、なかなか噛みきれないほどの弾力があり、ツルンとした喉越しの良さが印象に残った。片や水繊のほうは、五月の節句に「川端道喜《かわばたどうき》」の水仙ちまきで味わったが、こちらは葛きりよりも白っぽくて、もちもちした歯ごたえだったと記憶する。

福田さんが作られたのはまぎれもなく道喜のそれに似た水繊であって、葛きりの食感ではなかったから「葛粉を溶かす分量が違うんでしょうか？」と訊いてみたが、「さあ、葛を使ったものは時間を置いても白っぽくなりますからねえ」と笑ってかわされてしまった。

近ごろは平気で作り置きの葛きりを出す不届きな店があって、それも確かに白っぽいけれど、歯ごたえがなく、ぼそぼそして食べられた代物ではない。福田さんの水繊はもっちり感があり、爽やかな煎酒とマッチしてとてもおいしかったのだ。

ところで「江戸の献立」としながら、今回は妙に京都の想い出話に耽ったかっこうだが、それは光圀の奥さんに多少とも影響されたのだろう。

『日乗上人日記』より

元禄八年（一六九五）三月十日

御くこ奉る
御料理
雑芋の御汁❶
並にかへ汁
御さしみ❷
あぶらふ　すいせん
あげたうふ糸
うどの御あへ物❸
からしたうふ也❹
御酒すこしにて御膳すへる
後段にすい物いだす❺
御酒御さかな
こりどりなりし❻❼❽

生母の菩提寺

松下幸子

黄門様として知られる徳川光圀（一六二八〜一七〇〇）は常陸国水戸藩の第二代藩主で、元禄三年（一六九〇）に隠居し、権中納言（唐名で黄門）に任ぜられた。翌年水戸の北東二十数キロの西山に山荘（西山荘）を建てて、元禄十三年に歿《ぼっ》するまでそこで暮らした。

料理の再現で史料とした『日乗上人日記』は、西山荘から山伝いに近い久昌寺《きゅうしょうじ》の住職日乗上人の日記で、光圀の西山荘暮らしの様子が克明に記録されている。日乗上人は京都に生まれた日蓮宗の僧で、延宝五年（一六七七）に、光圀が生母久昌院の菩提のために建立した久昌寺に招かれて住職となり、光圀の隠居後は相談相手ともなり親しかった。折にふれて西山荘に参上し、光圀の久昌寺へのお成りもあった。

再現した献立は、元禄八年（一六九五）三月十日、光圀が久昌寺へお成りの際の酒宴である。この日は晴天、午後二時頃にお供の四十人余りとおいでになり、酒宴の献立は次のように書かれている。「御くこ（供御）奉る。御料理雑芋の御汁並《ならび》にかへ汁、御さしみ　あぶらふ　すいせん　あげたうふ糸、うどの御あへ物、からしたうふ也。御酒すこしにて御膳すへる。後段《ごだん》にすい物いだす。御酒御さかなとりどりなりし。」酒宴では謡《うたい》などもあってご機嫌よく過ごされ、午後十一時過ぎにお帰りになったと

料理法

❶**雑芋の御汁**　里芋の味噌汁。

❷**御さしみ**　油麩と揚げ豆腐は湯をかけて油抜きをする。三種を盛り合わせてわさびと煎酒で供す。

❸**うどの御あへ物**　うどにからめた青どりは、小松菜の葉を摺って水を加え、それを漉した色水を静かに温めて色素だけをすくったもの。

❹**からしたうふ**　絹ごし豆腐を温めて器に入れ、葛あんをかけてとき辛子をおく。

❺**すい物**　梅干を碗に入れ、白湯を注いだ吸物。吸口は割胡椒。

❻**御さかな・長芋の青みそ田楽**　輪切りにした長芋に串を打って両面を焼き、青どりをまぜた白味噌を塗って焙る。

❼**御さかな・湯葉巻きけんちん**　椎茸、干し柿、せりを湯葉で巻いて胡麻油で揚げる。

❽**御さかな・しらが人参**　白髪に切った人参にうす塩をして水気をしぼり、青のりをかける。

ある。

寺の料理であるから精進料理で、酒肴は具体的な記述がないので『精進献立集』（一八一九）から選んで献立を構成した。汁は雑芋とあるので雑多な芋と解釈し、今回は里芋を用いた。御さしみは精進のさしみで、油麩（油で揚げた生麩）、すいせん、揚げ豆腐の糸切りにわさびを添え、調味料は精進の煎酒（鰹節を用いない煎酒）とした。すいせんは水繊、水蟾などと書き、当時の料理書での作り方は「葛粉を水でとき、水せん鍋（水せん用の浅い角鍋）に薄く流し入れ、その鍋底を熱湯に浮かべて半透明になったら、そのまま水せん鍋を熱湯中に押し入れて完全に糊化させる。次にこれを冷水中に入れて冷やし、糊化したものを水中でへらではがし、俎《まないた》にとり細く切る」とある。現在はこれを葛切りとよび、黒蜜をつけて菓子とするが、江戸時代の葛切りは、葛粉を湯で練って薄くのばし、細く切ってから茹でたもので、名称に混乱が見られる。また、さしみの名称は現在より広義で、『料理物語』（一六四三）には、さしみの材料として魚介類のほか、鳥・茸・野菜・麩・蒟蒻《こんにゃく》・花などもあげており、生《なま》または茹でた材料に調味料を添えて供するものをさしみとしている。

なお、原文では後段として吸物をあげているが、本膳料理では食事が終わったあと、吸物や肴が出て酒宴となり、その後に供される麺や餅などの軽食を後段と呼んでいる。

ちなみに常陸国は那珂《なか》川の鰻・鮭、久慈《くじ》川の鮎、鹿島灘の鰹・鮟鱇《あんこう》など魚介類に恵まれており、水戸徳川家に伝わる料理書『食菜録』には、多彩な魚介料理が見られる。

四月

旅の楽しみ旅籠のごはん

嘉永元年（一八四八）四月六日
『伊勢参宮献立道中記』より

『伊勢参宮献立道中記』

讃岐から二十人ほどで伊勢参りをした道中記。旅は嘉永元年（一八四八）三月四日から五月九日までの二ヶ月におよび、行きは大坂、帰りは京都と再び大坂に寄って見物を楽しんでいる。著者は不明だが、費用の使い方からして、かなり裕福な人物であったと思われる。

晩飯献立

汁

みそ
青み

旅の味は書き捨て

松井今朝子

近年はちと様変わりしたようにいわれるが、ひと頃の日本人は老いも若きも海外旅行に熱中し、現地のコトバが全然しゃべれなくても、みんなで行けば怖くない式の団体旅行が大いに流行《はや》った。

日本人の団体旅行好きは江戸時代の講参りにまで遡れる。「講」は特定の寺社霊場に参詣や奉納をするグループで、大師講や稲荷講、富士講などさまざまな講があり、中で最もメジャーだったのは伊勢講だ。それには御師《おんし》の存在が大きく関わっていた。御師は信仰を広めるために各地で参詣ツーリストを募って宿泊の世話を引き受けた祈禱師であり、これもさまざまな寺社に属していたが、江戸時代には専ら伊勢の御師が大活躍をしたのだった。

伊勢講は御師の家に泊まり込んでもちろん内宮、外宮に参拝し、二見《ふたみが》浦《うら》を見物したりもするけれど、最大の目的は大々神楽《だいだいかぐら》の奉納だから、またの名を大々講ともいう。

今回は伊勢講に参加した人の「道中記」をもとに料理が再現されたが、このなかには大々神楽を奉納する様子が詳しく書かれた箇所もあって実に興味深い。それを読めば、奉納する前にまず参加者全員お風呂に入って身を清め、ドレスコードに則《のっと》った正装をしなくてはならなかったらし

皿
蒲鉾
おろし大こん
醤油

い。裃《かみしも》や袴《はかま》の着用が求められ、道中に持参しなかった者には御師の側が損料を取って貸衣裳を借りたというのだから、なんともご大層な話だ。

もっとも、さほどの勿体をつけられてもふしぎはないくらい、贅沢なイベントだったのは確かなようである。神楽を催すスペースは注連縄《しめなわ》や白幣《はくへい》のほか、もろもろの神聖な飾り付けがされて、裲襠《うちかけ》を着た老女や少女が併せて八人ばかりそこで次々と舞いを披露した。黒い素襖《すおう》に烏帽子《えぼし》を着けた楽人がおよそ五、六十人も集まって鼓や太鼓を演奏し、クライマックスの演出に際しては何事だろうと驚くばかりの大音響に圧倒され、荘厳な雰囲気に満たされた参加者一同は自ずから平伏したという。

神楽がおよそ四時間ほどで終了したあとは本膳から四の膳に至る物凄いご馳走攻めが待ち受けていた。鯛の浜焼きや伊勢海老、さらには鶴もどきの肉まで登場するその献立もしっかり書き留められてはいるが、豪華すぎるので残念ながら今回の再現は見送られた。

こうしたご馳走もふくめて大々神楽の奉納にかかる費用は相当なものである。ご存じ『東海道中膝栗毛』の弥次さんも、自分が独りで奉納すると息巻いて、御師の手代から「安うて金十五両も出さんせんけりゃ、でけんわいな」と一蹴されている。講中の人数によっても当然ながら料金は違ってくるだろうが、この「道中記」の一行は二十名で三十両の初穂料プラスαを支払っており、現代に換算すればざっと三百万円以上の物入りだったことには驚かざるを得ない。

ともあれ人の移動に絶えず厳しい目が光っていた江戸時代は、許可が下りやすい講参りのかたちを借りて、ついでにちゃっかり周辺の観光旅行もする習わしなので、讃岐から旅立った「道中記」の筆者は伊勢のほかに京、大坂、奈良で名所めぐりや芝居見物を存分にエンジョイした。

道中は概ねふつうの旅籠《はたご》に泊まり歩く毎日で、その間の食事もまめに

皿
鱧のつけ焼

記録している。旅籠の飯はいずこもそう代わり映えせず、朝晩共に一汁二菜か三菜のワンパターンだが、むろん宿によって多少の差はあったようだ。記録に残すくらい「食」に対するこだわりをお持ちの筆者は、「此の家、料理塩梅《あんばい》上手なり」と書くこともあるし、どうやら貧相な食事が出たらしい宿では「献立は余不快にて略す」としているのがおかしい。

さて今回の再現料理は京の三条で泊まった「美濃屋」という宿の朝食と夕食だが、宿のほうからあらかじめ2ランクの食事代が提示されて、筆者らの一行は三匁《もんめ》という高いほうの料金を選択した。現代なら五千円くらいだろうか。当時としては結構なお値段ながら、今回再現されなかった昼食もふくめての分だから、比較的リーズナブルなのかもしれない。

晩ご飯のメインディッシュは鱧《はも》のつけ焼きで、京都生まれの私にとっては懐かしい料理である。鱧は漁獲高の九割が京都で消費されるという話を以前テレビの報道番組で聞いた覚えがあって、その真偽はともかくも、京都の夏に欠かせない魚であることは間違いない。鱧と京都が深く結びついた理由について、鮮魚の輸送が困難な内陸の土地へ、活かしたまま運び込めたのは極めて生命力が強い鱧だけだった、という説がよく知られる。ウナギのように長い魚で、小骨が長くしかも硬いので、鮮魚が得やすい土地では何も無理をして食べるには及ばなかったのだろうと思う。

したがって鱧にまた欠かせないのは、腹から割いた身に細かい切れ目を入れる骨切りだ。シャッ、シャッ、シャッ、とリズミカルな刃音を響かせて小刻みに骨切りするには非常にデリケートな技術が要る。以前たまたま東京で市販されていた鱧の湯引きを買ったら、骨切りがザツで喉越しが悪く、とても食べられた代物ではなかった。

菓子椀
たひ　うすゆき
しひたけ

汁
みそ　小菜

京都の料理人であったわが父親は鱧を扱い馴れていたが、それでも骨切りには並々ならぬ根の詰め方をするらしく、したあとはよく肩と背中が張って堪らないとこぼしていた。大きな鱧はどうしても味が落ちるので、うちでは体長八十センチ未満のを使っており、皮を切らないよう注意しながらそれに一ミリ幅くらいで切れ目を手早く入れてゆくのである。

　今回の再現では撮影の時期が早いために残念ながら生の鱧が手に入らず、福田さんはやむなく冷凍物をお使いになった。その冷凍物には、恐らく機械で施したと思しき超極細の骨切りがすでになされていたそうである。

　それにしても「道中記」の一行は総勢二十人で、ほかにもまだ沢山の泊まり客がいたとすれば、鱧の骨切りにはそれこそ相当に骨が折れたのではないかと思ってしまう。ところが福田さんはあっさりこうおっしゃった。

「江戸に刺身屋があったように、京都には骨切り屋みたいなものがあって、宿はそこから仕入れたんじゃないでしょうか」

　なるほど、そういわれてみると、私が昔見ていた京都の魚屋では骨切りして湯引きした鱧がよく売られていたから、宿がその手のものを仕入れていたことは大いにあり得る。

　なにしろ客の到着時と出発時がたいてい重なる旅籠では、必然的に大勢の食事をスピーディーに出すことが求められる。福田さんのお話だと、魚を先に茹で、あとから表面に焼き鏝《ごて》を当てて焼き魚に見せかける方法も江戸の料理書に見えるそうだから、旅籠はその手の即席料理法を大いに活用したにちがいない。

　旅の献立をまめに書き留めた筆者も、味のことにあまり触れていないのは、むべなるかな、というべきなのだろうか。

『伊勢参宮献立道中記』より

嘉永元年（一八四八）四月六日

六日　雨ふる

朝献立

唐津蓋物❶

たかんな　いかつけやき　ふき

汁❷

みそ　青み

皿❸

蒲鉾　おろし大こん　醤油

飯

晩飯献立

皿❹

鱧のつけ焼

菓子椀❺

たひ　うすゆき　しひたけ

汁❻

みそ　小菜

飯

雨天にて何処へもいでず

リッチな伊勢参り

松下幸子

再現献立は『伊勢参宮献立道中記』の嘉永元年（一八四八）四月六日、京都三条大橋東詰めの旅籠美濃屋の朝食と夕食で、『日本庶民生活史料集成』第二十巻所収の翻刻によっている。この道中記は讃岐国寒川郡神埼村の某が、二十人ほどの志度乃浦《しどのうら》講中と伊勢参りの旅に出た時の、旅籠・料理屋などでの食事の献立を中心とした記録である。記録者の名も職業もわからないが、大坂では往復とも砂糖問屋に滞在し、約二ヶ月の旅は京都、大坂の見物に日数をかけ、芝居見物なども楽しんでいるので、かなり裕福な講中と思われる。

道中記の冒頭に「弘化申《さる》てふとし弥生四日、我家を出て志度乃浦より船を出せしが」とあるが、弘化戊申の年は二月二十八日に嘉永に改元しているので弥生（三月）四日は嘉永であり、三月二十六日になって改元のことを知ったと記している。

道中のあらましを辿ってみると、三月十二日に船で大坂に着き、五日間滞在して芝居見物や食べ歩きを楽しんでいる。十八日に大坂を出て伊勢路に入り、旅籠に泊まりながら二十六日に伊勢に着く。二十七・二十八日は御師《おんし》の館（屋敷）に泊まり、外宮・内宮に参拝し、大々《だいだい》

料理法

❶唐津蓋物　筍は茹でてから皮をむき、出汁・みりん・醬油で煮含める。烏賊は醬油と酒でつけ焼、蕗は塩で板ずりしてからさっと茹でてすぐ冷水にとり、皮をむいたら、冷ましておいた出汁・みりん・醬油の合わせ汁に漬け込む。

❸皿・蒲鉾　おろし大こん　醬油　朝食の皿。鯛の焼板蒲鉾に大根おろしを添える。

❹皿・鱧のつけ焼　鱧は骨切りし、醬油と酒でつけ焼。

❺菓子椀　鯛は酒蒸し。もどした椎茸は出汁・醬油・砂糖・酒で煮含め、器に盛って葛あんをかけてからおぼろ昆布を添える。

❻汁　小菜はつまみ菜のことだが芽蕪で代用した。

神楽《かぐら》を奉納している。御師は特定の社寺に所属して参詣する団体旅行を斡旋《あっせん》し、祈禱や宿泊の世話をする者で御《お》師《し》とよび、伊勢に限って御師《おんし》とよばれた。一行は御師の館で豪華な本膳料理の接待を受け、とくに二十八日の大々神楽奉納のあとの饗宴は四の膳まである本膳料理で、神楽の初穂料（祈禱料）三十両をふくめ、御師には約三十六両もの費用を渡している。

帰途は松坂・石部・草津・大津を経て、四月五日に京都に入り美濃屋に泊まる。六日は雨天で外出できず、三食とも旅籠でとっているが、再現したのは朝食と夕食である。

朝献立　唐津蓋物（筍《たかんな》　いかつけやき　ふき）、汁（みそ　青み）、皿（蒲鉾　おろし大こん　醬油）、飯

晩飯献立　皿（鱧《はも》のつけ焼）、菓子椀（たひ　うすゆき　しひたけ）、汁（みそ　小菜）、飯

朝食の唐津蓋物は、唐津焼の蓋付きの器で煮物を盛っている。菓子椀は江戸では椀盛というと『守貞謾稿』（一八五三）にあり「京坂、本膳必ずこれを添ふるなり。形、汁椀にて、大形また厚し。平《ひら》と似たる食を盛る。けだし平はすまし、菓子わんには葛を加ゆる等なり」としている。うすゆきは薄雪昆布のことで、薄く削った白いとろろ昆布である。

当時の旅籠の食事は、旅籠代にもよるが、朝食は一汁二菜、夕食は一汁二菜か一汁三菜が標準的だったらしい。

このあと一行は京都見物をして十二日には大坂に戻り、名所めぐりなどのあと五月一日に大坂を船出し、九日に帰着している。

江戸時代の人々にとって、伊勢参宮と上方めぐりを兼ねた伊勢参りは、一生に一度の大旅行であった。

五月

贅を尽くした食通の昼餐

元文三年(一七三八)五月五日
『献立懐日記』より

指味
平め
まつな
けん
わさび
松のかいしき
いり酒

『献立懐日記』

山口如竹なる人物が、人の家や料亭、茶屋で馳走になったり、自宅に人を招いたりした際の献立を記した、元文二年(一七三七)からおよそ四年間にわたる記録。料理屋には京都や大坂、伊勢の店も含まれ、食事をした場所の数は五十四ヶ所に及ぶ。

煮物

くしこ
青まめ
長芋おろして

汁
しいたけ
つぶし玉子
じゅんさい

料理という文化

松井今朝子

『今朝子の晩ごはん』というブログを始めて足かけ十年にもなる。当初はただ朝・晩の語呂合わせで文字通り夕食の献立を綴ろうとした日記なのだが、続けるうちに意外な反響を呼んで止められなくなった。たとえば外出先でフルコースをご馳走になると、その場でメモらなくてもあとで大体のメニューを書くから、「よくそんなに憶えてられますねぇ」と変に感心されたりするが、それは幼い頃の特訓によるせいかもしれない。

実家は料理屋なので、世間にグルメブームが起きるはるか以前に、一家で食べ歩きをしていた。料理屋の数そのものがまだ少なかった当時、全国の名だたる店に足を運んで、大人並みに食べさせてもらえたのはよかったけれど、帰り道で何を食べたか質問されて、いちいち順番に答えるのがとても面倒だった。突出しは何、八寸は何と何、向付《むこうづけ》は……というふうに小学生が答えるのだからちょっと異常である。こうしたいわば英才教育も、両親の後を継がなかった私には、つまるところ宝の持ち腐れとなってしまったわけだ。

人間だれしも食べることは欠かさないので、身近すぎてうっかり見落とされるが、料理は、美術や音楽や、もちろん文芸よりも早くにスタートし、世界各地で徐々に発達してきた人類の偉大な文化である。文化の一ジャンルとしては関心が薄い人もいれば、非常に愛好する人がいて当然だし、これまた他の文化と同じく、触れる機会はまず環境と偶然に委

焼物 鯛

ねられる。

今回とりあげられた『献立懐日記《こんだてふところにっき》』の著者山口如竹はどういうわけか、やたらと人に招待されてご馳走に与《あずか》っており、「馳走をいたづらにせんも本意なし」、つまりそれを無駄にするのも残念だから献立を記録した、と序文にある。この日記を残した以外、これといって何をしたのかよくわからない人物で、恐らく名古屋在住の、たとえば俳諧師のような遊民だったのではないかと推測されるのみだ。

ご馳走になった家は五十ヶ所以上あるようだが、この日記が書かれた元文当時は江戸や上方の都市部でもそれほど沢山の料理屋は存在しなかったはずだから、知人宅で料理人を召《よ》んで饗応したとも考えられる。ただし中には大坂の「浮瀬《うかむせ》」のような有名店も混じっていた。

以前、小説の舞台にする関係で「浮瀬」の跡地を訪ねてみたら、昼夜を分かたず酒宴で賑わった場所に、今は大阪有数の私立ミッション系進学校が建っているのは面白かった。市内の高台に位置し、その昔は大阪湾を一望する景観が売り物だったのだろうが、店の名物は鮑《あわび》の貝殻を使って酒が七合半も容れられる巨大な杯であり、左記の歌が屋号の由来だという。

わが恋は千尋《ちひろ》の底の鮑貝
　身を捨ててこそ浮かぶ瀬もあれ

恋も仕事も人生も、身を捨ててかかる覚悟と勇気があれば、浮かびあがる可能性だってなくはない。この店を訪れた多くの客は鮑の杯を手にしながら、そう信じようとしたのだろうか。

四天王寺にほど近い新清水寺の門前茶屋として出発したこの店を訪れた客には、かの芭蕉や蕪村がいて、今も校内の敷地に句碑が残されている。ほかにも数多くの文人墨客が訪れており、何かと悪口を書きたがる

ちょく
白ふり
青酢

馬琴は紀行『羇旅漫録』で「塩梅《あんばい》名ほどは高からず」とバッサリ斬り捨て、そもそも上方の料理が「江戸人の口にはあはず」と正直に書いた。

逆に大坂から江戸に引っ越した喜田川守貞の『守貞謾稿』には、出汁に「諸白《もろはく》酒を加へ、醤油の塩味を加減する」上方は「淡薄の中にその物の味あり」とする。片や江戸は「味琳《みりん》酒を加へ、あるひは砂糖をもつてこれに代へ、醤油をもつて塩味を付くる」から、「口に甘く旨《うま》しといへども、その物の味を損ずに似たり」とやや否定的だ。

こうした味覚の相違は現代にもそっくり引き継がれているようだが、私自身は関西と関東の違いはおろか、世界各国の料理を食べても、美味しいものは素直に美味しいと感じるほうだ。馬琴のように排他的な味覚の持ち主は、かえって料理という文化に対する感受性に乏しい人だと思うのである。

ところで今回再現されたのは「万三亭」の料理だが、これは万三という知人宅なのかもしれない。ただし献立は「浮瀬」とさほどの遜色はないから、やはりプロの料理人が調理したものと推測される。

プロならではの食材とおぼしいのは煮物に使われた「くしこ」だろう。腸を除いたナマコを茹でて串刺しにした乾物で、シコシコした食感が大いに楽しめた。もっとも調理された福田さんの話だとかなりの高級食材で、しかもわりあい小さなものだったのに、もどすのに四昼夜もかかったというから驚いた。

串刺しにせず干したナマコはイリコと呼んで、古くは奈良時代の文献にも見え、江戸時代には俵物《たわらもの》すなわち長崎貿易の輸出品として珍重された。ほかに干し鮑とフカヒレを併せて俵物三品とする。

江戸の百科事典『和漢三才図会』に「海鼠《なまこ》は中華の海中に之《これ》無く」とあり、そのことの真偽は定かでないが、中華料理の高級食材として昔か

ふた茶椀

なすのたみそ

ら今に至るまで日本の輸出品であるのは間違いない。逆に日本料理のほうでの使用が廃れたのは、調理に手間がかかり過ぎて採算が取れないし、相当こってりした味付けをしないと淡泊に過ぎるからだろうか。

ナマコの腸はコノワタと呼び、黄色い卵巣を細い撥《ばち》状に干したのがコノコで、共に酒のつまみに最適な独特の風味がある。私は子供の頃にこの二品を好んで食べていたのに、今もって下戸なのがおかしい。

初めてナマコを食べた人はその「胆力」において敬うべきだと書いたのは夏目漱石だが、料理という文化の出発点は何よりもまず自然界から食材を発掘することだった。発掘の段階で命を落とした者も少なからずいただろう。大変な勇気と創造力と柔軟な発想によって、この文化は支えられてきたことを忘れてはいけない。ナマコという食材を発掘してさまざまな調理法を開発したのは、四方を海に囲まれた日本ならではの文化だと思う。

先にあげた『三才図会』では、ナマコは奥州産が上質とされ、中でも牡鹿《おしか》半島の金花（華）山沖は金色を帯びたキンコという極上品が捕れるとしている。東日本大震災で三陸沿岸が凄まじい打撃を被った今日にそれを読むと、なんともいえない気持ちになる。

しかし、よく考えてみれば、この地域は幾度となく自然の猛威に屈しながら、そのつどみごとに蘇って、江戸の昔から今日に至るまで俵物の産地であり続けたのだ。自然の馴致《じゅんち》は困難でも、人間は絶えずそれを克服することで今日あるのだった。

ただし自然をへたに弄《いじ》ったら、時にとんでもない怪物を生みだしてしまう。震災に引き続いた原発事故の影響で、海産物の入手がますます難しくなると心配されるなか、福田さんには、日本料理という文化をなんとか守ってほしいと願わずにはいられなかった。

『献立懐日記』より
元文三年（一七三八）五月五日

五月五日　万三亭　昼　七人
指味❶
平め　まつな　けん
わさび　松のかいしき　いり酒
汁❷
しいたけ　つぶし玉子
じゅんさい
飯
かうのもの
煮物❸
くしこ　青まめ　長芋おろしして
焼物❹
鯛
ちよく❺
白ふり　青酢
ふた茶椀❻
なすのたみそ
酒さかな
鉢に煮貝
硯ふた
梅ぼし　あんず　びわ

名古屋の繁栄

松下幸子

『献立懐日記』は東京都立中央図書館加賀文庫所蔵の手書本で、故川上行蔵《こうぞう》先生が翻刻されているが公刊されず、日本風俗史学会の「風俗」二十四巻一号に、その研究の一部を報告されているのみである。

巻頭の自序の中に「たまたまふるまひに招かれて　馳走をいたづらにせんも本意なしと　そくばくの献立を筆記して　献立懐日記と号し侍りぬ」とあり、その終りに「元文のことし巳《み》の冬　山口如竹」とある。元文巳年は元文二年（一七三七）であり、元文五年九月二十八日傳物印での献立に始まり、正月六日夜の久印亭の献立まで、八十一回が記録されている。なお同じ所で複数回の場合もあるので、場所は五十四ヶ所になる。川上先生は魚や野菜などの名称の方言その他から、山口如竹の定住地は名古屋と推定され、場所の大部分は名古屋付近で、十ヶ所は伊勢・京都・大坂などの地名が付記されているので、旅先での記録とされている。

五十四ヶ所の場所の多くは久印亭・長印亭のように、振舞主の名の頭文字をとったらしく、手前印亭とあるのは自宅と思われる。料亭の場合は「京都にて近江亭」「大坂浮ム瀬四郎エ門亭」のように記されている。献立の多くは二の膳つきの贅沢なもので、そのような振舞を

料理法

❶**指味**　掻敷とは、食べ物の下に敷くもので主に葉もの。天ぷらの敷紙は紙掻敷。

❸**煮物**　串海鼠は戻してから小口切りにし、茹でた枝豆と一緒にやや濃い目の清汁で煮立て、おろした長芋を摺りいれる。

❺**ちよく**　青酢は蓼の葉だけをよく摺り酢を加える。飯粒を加えると濃度が出る。

❻**ふた茶椀**　茄子は縦に四つ割にしてサイコロ状に切り、塩をしてから水気を絞り、ぬたにする。

❹ ❺ ❻

受けている山口如竹の職業・身分は不明である。根拠に乏しい想像に過ぎないが、俳諧の宗匠（職業俳人）ならば、各地の裕福な人々の俳諧の集まりに招かれ、会のあとの宴席とも考えられる。

再現した献立は、元文三年五月五日の万三亭での七人の昼食である。

指味《さしみ》（平め　まつな　けん　わさび　松のかいしき　いり酒）、
汁（しいたけ　つぶし玉子　じゅんさい）、飯、かうのもの、
煮物（くしこ　青まめ　長芋おろして）、焼物（鯛）、ちよく（白ふり　青酢）、ふた茶椀（なすのたみそ）

このほか、酒さかなとして、鉢に煮貝、硯ふたに梅ぼし　あんず　びわ、とあるが、材料の関係で省略した。

指味の松菜《まつな》は海岸の砂地に生えるアカザ科の一年草であるが、再現ではウイキョウを用いた。かいしきは改敷・掻敷と書き、食べ物を器に盛る時に下に敷くもので、木の葉や紙などが用いられた。汁のつぶし玉子は溶き卵のこと。煮物のくしこは串海鼠《くしこ》で、内臓を除いた海鼠《なまこ》をゆでてから串にさして干したもので、串にささずに干したものは煎海鼠《いりこ》という。

この煮物は『料理物語』（一六四三）の煮物の部に「ぞろりこ」とある、煎海鼠と山の芋を用いた煮物に似ており、他の料理書には見られない珍しい料理である。猪口《ちょく》の白ふりは白瓜《しろうり》のことで、瓜は古くは「ふり」と呼ばれた。蓋茶椀の茄子のたみそは、茄子のぬた和えのことで、ぬたは酢みそをさし、どろどろしたところが沼田《ぬた》に似ているのが語源という。

当時の名古屋の繁栄は著しく、倹約令を守らなかった藩主徳川宗春は、元文四年、幕府から蟄居《ちっきょ》を命じられている。

六月

海の幸豊かな越後の宴

天保十一年（一八四〇）六月二日『柏崎日記』より

壱鉢
漬わらび
あかいのにつけ

『柏崎日記』

桑名藩の下級武士・渡部勝之助は、天保十年（一八三九）に、藩の越後支領である柏崎に赴任した。長男を、桑名の養父・平太夫の許に残してきたため、互いの家族の生活を日記に綴って交換しあったものが、平太夫の『桑名日記』と勝之助の『柏崎日記』として、今に伝わっている。

刺身　あら

丼
ゐかの山椒あい

豊かな人生は食卓から

松井今朝子

人間の本当の幸せや豊かさとは果たして何だろうか？　近頃とみにそれを考えてしまうが、今回の『柏崎日記』は特に強く意識させられた。

筆者の渡部勝之助氏は役職が「勘定人《かんじょうにん》」で、今だと経理課勤務といったところか。九石三人扶持《ぶち》の俸禄は一体どれくらいの報酬なのだろう？　ためしに時代劇でもおなじみの八丁堀の旦那こと町奉行所同心の禄高、三十俵二人扶持と比較してみよう。同じく米をベースにした給与体系ながら、俵と石と扶持に分かれているので計算が少々ややこしい。念のために説明すると、一人《いちにん》扶持は男ひとり当たり一日玄米五合の支給とされて、年に一石八斗。一俵は四斗に当たるから、町方同心は十五石六斗、渡部氏は十四石四斗で、意外に両者の年俸は近いことがわかる。

米価は絶えず変動して、時代が下がると共に下落する傾向にあったようだが、ふつう一石一両が建前だから、渡部氏は金にして十四、五両の年収だ。これを現代の米価で換算すればわずか七、八十万円にしかならず、一両をざっと十万に見積もっても、たかだか年収百四、五十万円といったところだろうか。むろん当時でも低所得層の武士であり、本書に登場する中で最貧に属する人物といっていいかもしれない。

渡部氏の主君、松平越中守は桑名藩主だが、越後高田藩に転封された先祖があったため、越後の刈羽郡、三島郡、魚沼郡の一部も飛び地とし

て領有していた。つまりは越後に桑名藩の支店があったようなわけだが、支店といえど領内には二百二十一ヶ村もあって、全石高は七万六千石と本店をゆうに凌いだ。巨大なその支店を管轄統治したのが柏崎陣屋である。

渡部氏は三十七歳の人事異動で「柏崎陣屋」に赴任させられて、妻子を伴う長い支店勤務となった。太平洋側の温暖な土地に生まれ育っていながら、二度と本店復帰は叶わず、故郷を遠く離れた日本海側の北国に骨を埋めた。こんな風に書くと、なんだかとても気の毒な人生を送られたように思われるが、氏が日ごろ召し上がっていたものを知れば印象はがらっと違ってくる。

今回再現された料理はアラの刺身と平椀、アカエイの煮付け、イカの山椒和え、小鯛の吸い物といったまさに魚介のオンパレードで、彼が柏崎においてどれだけ豊かな食生活に恵まれたかを実感させてくれた。

アラは九州だとクエの異名で知られるから、両者はよく混同されるけれど、本当は別種の魚なのだそうだ。写真で見ればクエのほうはふてぶてしい強面で、アラはシャープな顔立ちだが、共に同じハタ科の魚だから味わいはさほど変わらないのかもしれない。ハタ系の魚は何よりも食感がいい。刺身は得もいわれぬ甘みがあり、柔らかくて歯の通りがとてもいいのだ。それでいて火を通すとぷりっとした弾力性のある歯ごたえに変わる。

エイはその奇怪な形態が敬遠されるのか、今や日本で食べる地域は限られているらしく、私はかつて秋田の友人宅でカスベと呼ばれる甘からい煮付けを頂戴したのみで、今度が二度目の試食である。前回は味付けが濃すぎて正直あまり感心しなかったのだが、今回の調理ではこんなにも味わい深い食品なのかと驚かされた。

したしもの

ただし料理人の福田さんは乾物を使って丸一昼夜湯で戻しながら、何度も水を取り替えなくてはならないほどの強いアンモニア臭に悩まされたそうだ。しっかり臭いが抜けて薄味に煮付けられたそれは棒鱈《ぼうだら》や身欠きニシンよりもソフトで細やかな繊維質の食感であり、しかもゼラチン質の煮《に》凝《こご》りが豊富だから、食べだすとやみつきになりそうだった。

『和漢三才図会』の「赤ゑひ」の項には「煮食して瀉痢《しゃり》を止め」と書かれているので、薬効を期待する向きもあったのか、江戸時代はどこの土地でも割合ふつうに食べられていたようである。調理が面倒とはいえ、こんなに美味しい食材を多くの土地が失ったのはいささか勿体ない気がしてしまう。

ところで今回お吸い物になった鯛はエイと違って日本各地で好まれるが、沖合に産卵場がある柏崎は天然の真鯛が非常によく捕れて、今や鯛飯や鯛茶漬けをご当地グルメとしているらしい。渡部氏の日記にも、豊漁のときは目から尾まで一尺ほどの大物が八十文ほどで入手できたとあり、一文十円で換算すれば恐るべき安値といえそうだ。

とにかく安いから近所の家に招かれても鯛ずくめのご馳走攻めに遭い、鯛をもらい過ぎて「持てあまし候」だの、「鯛汁給《た》べあき致候」だのと書かれたら、贅沢いってんじゃねえ、と怒鳴りつけたくなる人もいるだろう。

贅沢といえば、渡部氏が柏崎で鯛を食べ飽きた天保十二年はちょうど天保の改革が始まった年であり、江戸ではお上が町人の贅沢にあらゆる難癖をつけ始めていた。当時のお触れ書きを集録した『天保新政録』を見る限り、衣食住のうち「食」への難癖は比較的少なかったものの、それでも初物のキュウリや茄子、モヤシの栽培を禁じたり、魚鳥の類も「自然の漁猟」で得るのはともかく「人力を費し」て得るのは御法度と

吸物
小鯛

膳部
平　あらの切身とふき
汁　青な　鎌ほこ

されたから、江戸市中は当然ながら物流が滞って著しい沈滞をみたようだ。時代が良ければどこよりも繁栄し、逆に何か事が起きて統制が厳しくなると、いっきに冷え込んでしまうのが、昔から今日に至るまで、この巨大消費都市の宿命というべきだろうか。

ともあれ江戸から遠く離れた北国暮らしの渡部氏はこの間にも食贅沢を満喫していた。時化《しけ》を除けば毎日のように新鮮な海産物が手に入るし、地酒は旨いし、四季折々に種類豊富な山菜や茸にも恵まれる土地で、それをまた採りに出かける暇のあるのが何よりだった。

とかく陣屋のサラリーマンは気楽な稼業で時間があり余っていたのだろうか。仲間と三人で本格的な蕎麦打ちを楽しんだりしている。そば粉四升余りに長芋と自然薯をつなぎに入れて、「三人にて精一杯にこね」たあとは、のし役を友人に任せて自分は刻み役にまわり「妙に能《よく》出来、素麵の様に細く出来る」と自画自賛するのだから世話がない。

渡部氏はこうした日記を嘉永元年まで書き続けた。五年後にはペリーの率いる黒船が浦賀に押し寄せ、そこから日本は幕末に向かっていっきに動き出し、桑名藩が会津藩と共に佐幕派の雄藩として悲劇の運命をたどることなぞ、彼はむろん知る由もなかったのだ。

陣屋組はたいした立身出世が望めぬ代わり、皆で仲良く肩寄せ合って本音の付き合いができたらしい。女性や子供も交えたカジュアルな宴会をさかんに催して互いに招待し合っていた。いくら食材が安いといっても盆暮れの支払いには悩まされるけれど、社宅ならぬ陣屋内の長屋住まいで、気取って出かける必要もないから、衣住の経費を大幅にカットしたのか、低サラリーのわりに毎度の宴会が相当なご馳走なのでびっくりさせられる。こうしたエンゲル係数超高めの人生をどう思うかは人それぞれだろうが、私はとても羨ましい。

『柏崎日記』より

天保十一年（一八四〇）六月二日

刺身❶
あら
漬わらびニあかいのにつけ壱鉢❷
丼❸
ゑかの山椒あい
大平❹
竹の子ふき玉子とふじ
したしもの❺
しめて五品也
吸物❻
小鯛
膳部
平　あらの切身とふき❼
汁　青な　鎌ほこ❽

❶

❷

❸

❹

同僚を招く

松下幸子

『柏崎日記』の筆者渡部勝之助は、桑名藩の下級武士渡部平太夫の養子で、藩の越後支領柏崎陣屋詰となり、天保十年（一八三九）二月二十四日に桑名を出発し、柏崎へ赴任した。勝之助は当時三十七歳、妻お菊は身重のため桑名に残り、その年の五月に長女お六を出産後、お六を連れて柏崎へ行き、数え年五歳の長男鐐之助は、桑名で平太夫夫婦に育てられた。

天保十年から嘉永元年（一八四八）の十年間にわたり、平太夫は孫の成長ぶりを中心に公私にわたる日常を克明に日記に記した。勝之助は柏崎で生まれた次男真吾を含めた家族四人の生活と、陣屋での仕事や同僚との付き合いなどを日記に書き、互いの消息を知らせる日記は藩の飛脚に托して常時交換された。

平太夫の『桑名日記』と勝之助の『柏崎日記』は、このように分離できない一体のもので、両日記は民俗資料、藩政資料、また下級武士の食生活の資料としても貴重なものである。

『柏崎日記』から再現した献立は、天保十一年（一八四〇）六月二日、役所の同僚五人を招いての自宅での酒宴で、原文には次のように書かれている。

「刺身ハあら。漬わらびニあかいのにつけ壱鉢。丼ゑかの山椒あい。大平《おおひら》竹の子ふき玉子とふじ。したしものしめて五品也。吸物小鯛。膳部ハ平あらの切身とふき。汁

料理法

❷壱鉢 あかえいの干物（カスベ）は米の研ぎ汁に、汁を替えながら五日間ほど漬け、茹でてもどす。酒、砂糖、醬油で甘辛く煮付ける。

❸丼 イカは皮をむいてから布目に庖丁を入れ、一口大に切ってさっと酒煎りする。白味噌に木の芽を摺り合わせてイカを和える。

❹大平 竹の子と蕗は下茹でし、濃い目の清汁で煮て玉子とじに。

❺したしもの ひたしものには蕪菜を使った。

❻❼吸物／膳部・平 小鯛と平のあらは、軽く塩をして酒蒸しにしておく。

❼

❽

❻

❺

青な鎌ほこ。」

献立中のあかいは赤鱏《あかえい》、丼のゐかは烏賊《いか》、山椒あいは山椒和えである。酒宴は七ツ（午後四時）頃から始まり、五ツ（午後八時）前に終わり、酒は二升五合程で済むとある。

役所の同僚同士で互いに招き合うもてなし料理は、義理を欠かないよう心労でもあったらしく、勝之助は困ったものとしながら弘化三年（一八四六）十月十七日の日記に「女の客は男の客より却て物入り候様に被存候《ぞんぜられそうろう》。男子の客は何方にても、刺身大平鉢丼等凡そ五種位、皆魚類にいろいろあいしらい見事に取飾候事也。吸物も一通り出候へども、めしは只茶漬或は麦めし大根飯或はそば切等にて、平皿鉢も無之《これなく》、これは通例の呼《よば》れ也。何ぞ一かど有之時は本膳出る也。」と記している。

再現料理の献立はこの通例にほぼ従っているが、あらの刺身、赤鱏の煮付、烏賊の山椒和え、小鯛の吸物、あらの煮物など魚介類が豊富で、試食では美味を堪能できた。

『柏崎日記』に見る日常の食生活は、飯・汁・香の物が基本の質素なものであるが、ハレの日や客をもてなす料理には種々の魚介類が用いられている。柏崎は日本海に面して海の幸に恵まれ、とくに鯛と鰯は春と秋の漁獲量が多かったようで日常の食卓にも登場している。鯛は江戸時代には第一位の魚として珍重されたが、天保十二年四月十二日の日記には「鯛を大分貰い持てあまし候。も早鯛にもあきあまりうまくもなく候」（要約）とある。

渡部勝之助は元治元年（一八六四）柏崎で歿し、柏崎で生まれた次男真吾は維新後桑名へ帰り、小学校の教頭を務めたという。

案内

江戸時代の食文化

江戸時代は長い。上方が食文化の中心だった前期、社会が落ちついて庶民の食生活も向上した中期、そして東都江戸の料理が発展し、いわゆる「日本料理」が完成した後期——食文化史の第一人者が江戸時代の「食」の変遷を簡明に案内。

松下幸子

江戸時代は、徳川家康による江戸開府の慶長八年（一六〇三）から、慶応三年（一八六七）の大政奉還まで二百六十四年と長く、その間の食文化の変化は大きい。

食文化の中心が上方にあった延宝（一六七三～八一）ころ迄の前期、元禄（一六八八～一七〇四）から享保（一七一六～三六）ころの食文化東漸《とうぜん》の中期、江戸にも独特の食文化が形成された宝暦（一七五一～六四）以降の後期と、およそ三期に分けて江戸時代の食文化について概観する。

前期　一六〇三～八一

この時代は、前代まで首都であった京都、商業都市として繁栄していた大坂など、上方が食文化の中心で、上方から江戸へ送られたものは、

下《くだ》り酒、下り菓子などと呼ばれて、上等品として珍重された。

江戸開府から寛永年間（一六二四〜四四）にかけては、江戸は江戸城と江戸市街地の整備のために普請《ふしん》が盛んで、全国から労働者が集まり、それらの人々を相手に煮物や餅などを売る行商人はいたが、外食店といえるものはまだなかった。

首都となってから五十年ほどたった明暦三年（一六五七）に、江戸は大火によってその多くを焼失したが、大名屋敷や寺社の郊外への移転によって江戸の町は拡大した。そのころ、浅草金龍山の門前に、茶飯に豆腐汁、煮染《にしめ》などを添えた奈良茶という料理を出す茶屋ができ、これが江戸での外食店の初めといわれている。京都では、寛文（一六六一〜七三）のころには、祇園《ぎおん》の八坂神社門前の東西の二軒茶屋が、名物の祇園田楽（豆腐田楽の一種）で賑わっていた。

寛永二十年（一六四三）に刊行された『料理物語』は、前時代の料理書の形式主義から脱却して、具体的に材料と調理法を書いた画期的な料理書で、あげられた食材を見ると、当時の食生活を知る手掛かりにもなる。魚や磯草（海草）、青物《あおもの》などと共に「獣の部」があり、鹿・猪・狸・兎・川うそ・熊・犬などが食材としてあげられているのが特色で、後の料理書には獣類はあまり見られない。野菜類は当時は青物と呼ばれ、大根や里芋などの通常の野菜のほか、たんぽぽ・よもぎ・はこべ・なずな・あかざなどの野草や、牡丹・芍薬その他の花の類も、青物としてあげられている。

調味料は塩・みそ・酢などが主で、醤油はまだ使われていない。二種の醤油の作り方は書かれているが、調味には生垂《なまだれ》や垂《たれ》みそ、煎酒《いりざけ》などが用いられている。醤油の名は室町末期の文献に初めて見られるが、一般

に醤油が使われるようになったのは、江戸中期以後のことである。『料理物語』には「菓子の部」もあり、材料として砂糖が使われているが、輸入品のため高価で、庶民のものではなかった。慶長年間（一五九六〜一六一五）の一六一〇年にサトウキビが奄美大島に移植され、寛政年間（一七八九〜一八〇一）には、九州や四国で砂糖が生産されるようになり、江戸前期には大部分輸入されていた砂糖は、後期には国産のものが使われるようになり、菓子が庶民の間にも普及した。

中期 一六八八〜一七三六

江戸中期は、関ヶ原の合戦からほぼ百年が経過して社会は安定し、城下町を中心に商業が発達して町人文化が形成された。京都、大坂などの上方を中心に町人文化が栄え、食文化も上方から江戸へと東漸の時代であった。

元禄時代の上方商人のぜいたくな献立の一例として、井原西鶴の『万《よろず》の文反古《ふみほうぐ》』（元禄九年刊）の巻の一にある「来る十九日の栄耀《えよう》献立」が知られている。内容は長崎屋の番頭が、取り引き先の呉服屋からの、川船での宴席への招待の手紙に、主人に代わって希望を伝える返事の形式で、当日の献立について書かれている。

文中の料理を列記すると、雑喉《ざこ》の本汁、鮎《あゆ》、鱠《なます》、鯛と青鷺《あおさぎ》の杉焼、筍の煮さまし、割《さき》海老と青豆の和え物、鱸《すずき》と雲腸《くもわた》の吸物、小鰺の塩煮、たいらぎの田楽、燕巣《えんす》に金柑麩《きんかんふ》の吸物、寒晒《かんさらし》の冷やし餅、きすごの細作りの吸物、早鮨、真桑瓜の砂糖かけなどである。

また、元禄時代には、日常生活に必要な諸知識を便利で読みやすくま

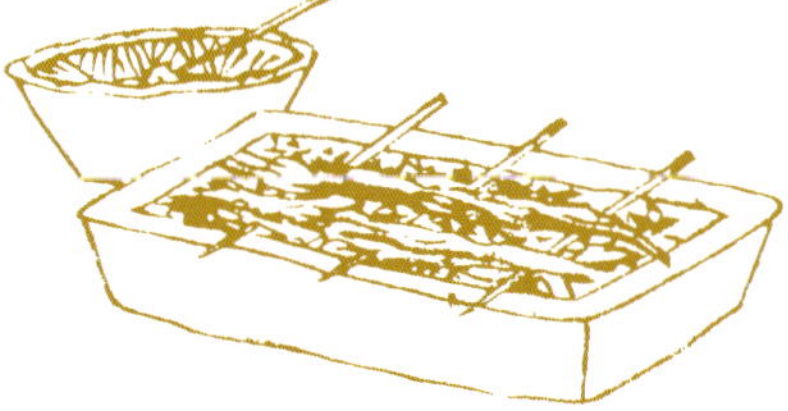

とめた、生活便利事典ともいえる重宝記《ちょうほうき》が多種類刊行された。その中の元禄五年（一六九二）刊の『女《おんな》重宝記』、元禄六年刊の『男《なん》重宝記』は、元禄の若者心得集で、食に関する記述も詳細で行き届いている。

『女重宝記』巻の二には「女中万《よろず》食い様の事」として、箸の使い方から、飯・強飯《こわめし》・餅・饅頭その他の食べ方などがあり、現在の食卓の光景とは随分違っている。たとえば「索麺《そうめん》くふ事、汁をおきながら、一箸二箸索麺を椀よりすくひ入《いれ》て、さて汁を取あげくふべし。その後は汁を手にもちすくひ入、食ひてもくるしからず。汁を替へ候はゞ、はじめはいくたびも汁を下に置き、すくひ入れ、とり上《あげ》くふべし。温飩《うどん》もくひ様おなじ事なり。蕎麦切など、男の様に汁をかけくふ事有《ある》べからず。索麵のごとくくふべし。辛味、臭味などかならず汁へ入べからず」。なお、女中は女性のこと、索麵は素麵の古い書き方、臭味は刻み葱などの薬味をいう。

『男重宝記』の巻の四には、献立の書き方から始めて、献立に用いる料理名、魚類名、鳥類名、精進物類（野菜類・麵類・餅類など）の名が数多く列記されているが、『料理物語』に見られた獣類の名は見当たらない。

圧巻は菓子類で、冒頭に「蒸菓子、干菓子およそ二百五十種余」とあり菓子名が列記されている。初めの蒸菓子二十四種には図と解説があり、次に「右の通《とおり》ことごとく図を出すに遑《いとま》あらず。よつて名ばかりを書《かき》しるす事左《さ》のごとし。」とあって、百三十七種の菓子名が並んでいる。干菓子は落鴈《らくがん》・煎餅《せんべい》・あるへいとうなど四十七種で、最後に、唐菓子の類ならびに樹菓《じゅか》とあって、茘枝《れいし》・無花果《いちじく》・南蛮菓子など十五種をあげてある。樹菓とは木の実で、菓子は古くは果子《かし》と書いて木の実や果物を指し、甘味のある自然物が現在の菓子の役割を果たしていた。蒸菓子だけでも百

六十種余りを列記しながら、古来の菓子の木の実もあげてあるのは興味深い。

このように元禄時代は庶民の食生活も向上したが、八代将軍吉宗の享保期には緊縮政治が行われ、奢《おご》りをおさえ倹約が奨励された。

後期　一七五一〜一八六七

宝暦のころから、江戸にも上方に劣らない食文化が形成された。生産技術の進歩や流通網の整備で食材が豊富になり、関東の濃口醤油の普及や、砂糖の国産化もあって調味料の種類も増え、料理法も向上して、現在の日本料理はこの時代にほぼ完成したといわれている。

安永・天明期（一七七二〜八九）には、料理の献立や作り方を書いた料理書が数多く刊行され、百珍物として有名な『豆腐百珍』のほか、『大根一式料理秘密箱』『万宝《まんぽう》料理秘密箱』（別名『玉子百珍』）『鯛百珍料理秘密箱』『甘藷《いも》百珍』などもこの時期に刊行されている。

高級な料理屋も多くなり、安永六年（一七七七）刊の名物評判記『富貴《ふき》地座位《じざい》』には、江戸名物の料理の部として三十一軒の料理屋の名が位づけの順にあげられている。上位からその一部をあげると、二軒茶屋（深川）、西宮（深川）、升屋《ますや》宗助（洲崎）、百川《ももかわ》（浮世小路）、山藤《さんとう》（材木町）、葛《か》西《さい》太郎（三めぐり）、楽庵（かやば町）、四季庵（三ツまた）、おまんずし（中ばし）、春日野なら茶（新橋）などである。

京都名物の料理の部には二十一軒あり、上位から一部をあげると、丸山端寮（東山）、二軒茶屋（祇園）、新南禅寺豆腐、湊屋三右衛門（川ばた）、三栖屋伊左衛門（八軒）、京屋おるい（安井前）、柏屋宗七（生州）、京屋吉

兵衛（高倉）、高長兵衛（丸太町）などである。

これらの料理屋を利用するのは富裕な人々であり、庶民が利用する外食は、街頭の屋台や振売《ふりう》りであった。屋台は屋台店とも呼び、路傍や空地などに簡単な屋根と柱つきの台を設けて、そば・天ぷら・すし・甘酒・菓子などを売る店であった。屋台には担いで運ぶ移動式のものも多く、加熱のための熱源（七輪）を持ち歩くものもあった。屋台の江戸市中への出現は、安永年間（一七七二〜八一）といわれている。

振売りは品物を持って売り歩く行商人で、中世からあったが、江戸時代に入ると社会的な需要から増加している。幕末の三都（江戸・京都・大坂）の風俗を記した嘉永六年（一八五三）刊の『守貞謾稿』には、食べ物関係だけで約五十種余の振売りが記載されている。

『守貞謾稿』の著者喜田川守貞は、大坂で生まれて後に江戸に移り住んだ人で三都の風俗に詳しく、上方と江戸の比較を随所に記している。料理については、「京坂は美食といへども鰹節の煮だしにて是に諸白《もろはく》酒を加へ醤油の塩味を加減する也。故に淡薄の中にその物の味ありて是を好とす。江戸は専ら鰹節だしに味琳《みりん》酒を加へ、或は砂糖を以て之《これ》にかへ、醤油を以て塩味を付る故に、口に甘く旨しといへども、その物の味を損ずに似たり。然れども従来の習風《ならいふう》となり、今はみりん或は砂糖の味を加へざるを好まず。必らず之を用《もちい》て京坂の食類更に美ならずといふ」とある。この嗜好の傾向は、現在も変わらないように思われる。

泰平の江戸時代も、嘉永六年のペリー来航によって政局は紛糾を重ね、慶応三年の大政奉還によって終わっている。この幕末の時期には、文久三年（一八六三）に長崎に、慶応二年（一八六六）には横浜と江戸に西洋料理店が開業し、食文化の次の時代への変化が始まっている。

年表

江戸時代の食と社会

初代 家康 一六〇三～〇五
二代 秀忠 一六〇五～二三
三代 家光 一六二三～五一
四代 家綱 一六五一～八〇

慶長八年―**一六〇三**―徳川家康、江戸幕府開府。

慶長十年―**一六〇五**―南蛮貿易により煙草、**とうがらし**、**南瓜**《かぼちゃ》が伝わる。

慶長十五年―**一六一〇**―奄美大島に**さとうきび**の栽培法伝来。

寛永二年―**一六二五**―薩摩の漁師が琉球から**甘藷**《かんしょ》**（サツマイモ）**を持ち帰り栽培を始める。

寛永十年―**一六三三**―海外渡航および海外からの帰国を禁止する第一次鎖国令発布。鎖国政策始まる。

寛永十九年―**一六四二**―冷害凶作により飢饉発生（寛永の大飢饉）。

寛永二十年―**一六四三**―江戸初期の代表的料理書『料理物語』刊行。具体的かつ平易に料理の材料や調理法を記した画期的内容で、後の料理書に多大な影響を与える。

正保二年―**一六四五**―三河で**八丁味噌**創製。赤穂で塩田開発始まる。

明暦三年―**一六五七**―明暦の大火により江戸の大半が焼失。

万治元年―**一六五八**―この頃**寒天**がつくられる。

万治二年―**一六五九**―隠元、黄檗山萬福寺創建。**普茶料理**（精進の卓袱《しっぽく》料理）始まる。

寛文元年―**一六六一**―江戸での夜間の煮売り営業禁止に。

寛文二年―**一六六二**―江戸で一杯盛り切りの**けんどんそば**始まる。

延宝二年―**一六七四**―大部の辞典的料理書『江戸料理集』刊行。土佐で**鰹節**の燻乾始まる。

延宝三年―**一六七五**―諸国で飢饉発生（延宝の大飢饉）。

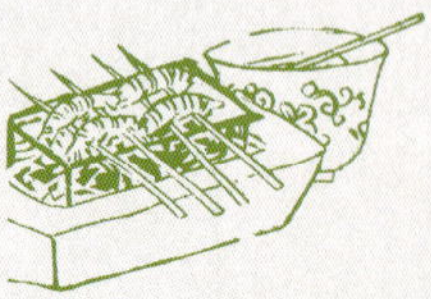

十一代 家斉 一七八七～一八三七

安永十年―**一七八一**―前年から続く日照りで諸国で凶作。この頃、土佐与市が改良した**鰹節**製法を安房に伝える。

天明二年―**一七八二**―**豆腐料理**を尋常品、通品、佳品、奇品、妙品、絶品の六つの等級に分け、それぞれの料理法を記した『豆腐百珍《とうふひゃくちん》』刊行。江戸中期の百珍物の先駆けに。この頃、江戸に**鰻蒲焼屋**出来る。

天明三年―**一七八三**―この年、天明の大飢饉始まる（～天明七年）。浅間山噴火。

天明四年―**一七八四**―奥羽大飢饉により餓死者数十万。

天明五年―**一七八五**―五十項目からなる大根料理の専門書『大根一式料理秘密箱』、合計百三項目の卵料理を記した『万宝料理秘密箱前編』、卵を主材料とした献立を記した『万宝料理献立集』刊行。他に柚が材料の百珍物『柚珍秘密箱《ゆうちんひみつばこ》』、百二種もの鯛料理の作り方を載せた『鯛百珍料理秘密箱』も。この頃、江戸で**すし**、**蒲焼**、**そば**、**天ぷら**などの屋台店が増える。

寛政元年―**一七八九**―『甘藷百珍《いもひゃくちん》』刊行。『豆腐百珍』を真似たもので、奇品・尋常品・妙品・絶品にわけて百二十三種に及ぶ甘藷料理を紹介。この頃、江戸で**煉羊羹**が作られる。

寛政七年―**一七九五**―この頃、高松藩（現在の香川県東部）で**砂糖**の製造に成功。

寛政十三年―**一八〇一**―江戸浅草駒形で越後屋助七が**どじょう料理屋**を開業。

享和三年―**一八〇三**―『素人庖丁』刊行。二編は一八〇五年（文化二）、三編は一八二〇年（文政三）。著者は大坂の人で浅野高造。宴会、行

五代　綱吉
一六八〇～一七〇九

六代　家宣
一七〇九～一二

七代　家継
一七一三～一六

八代　吉宗
一七一六～四五

九代　家重
一七四五～六〇

十代　家治
一七六〇～八六

天和三年―**一六八三**―この頃、江戸に**奈良茶飯**（大豆などを炊き込んだ茶飯）の店が出来る。

貞享三年―**一六八六**―野菜の初物売り出し時期を規制する御触書。

貞享四年―**一六八七**―生類憐みの令発布。この頃、江戸に**鮨屋**開業。

元禄二年―**一六八九**―この頃、彦根藩で**牛肉の味噌漬**考案。

元禄九年―**一六九六**―元禄の大飢饉により餓死者多数。

元禄十五年―**一七〇二**―この年、米不足のため幕府酒造量を制限。

享保元年―**一七一六**―江戸向島で**桜餅**が売り出される。

享保三年―**一七一八**―最古の菓子専門書『古今名物御前菓子《ここんめいぶつごぜんがし》秘伝抄《ひでんしょう》』刊行。**カステラ**、**金平糖**など南蛮菓子の調理法、甘酒を用いた酒種法の**パン**の作り方などの記述が特徴的。同年、江戸両国に**ももんじ屋**（獣肉料理店）開業。

享保十一年―**一七二六**―この頃、京都に**卓袱料理**（江戸時代に伝わった中国料理。精進の場合は普茶料理という）屋開業。

享保十二年―**一七二七**―徳川吉宗、房州嶺岡で**白牛酪**（白牛の乳を加工した乳製品で、バターにも似たもの）を作らせる。

享保十七年―**一七三二**―西日本で凶作。大飢饉。

享保十八年―**一七三三**―この年、米価が高騰し江戸市民による米問屋打ち壊しが起こる。

寛保元年―**一七四一**―和歌山で**甘蔗**《かんしゃ》（サトウキビの異称）を植え砂糖の精製を開始。

宝暦五年―**一七五五**―この年、奥羽地方を冷害が襲い飢饉発生。

宝暦十年―**一七六〇**―この頃、江戸に**居酒屋**が出来る。

明和元年―**一七六四**―幕府、**煎海鼠**《いりこ》、**干鮑**の輸出を奨励。

明和八年―**一七七一**―この年、江戸に料理茶屋の升屋開業。

十二代　家慶
一八三七～五三

十三代　家定
一八五三～五八

十四代　家茂
一八五八～六六

十五代　慶喜
一八六六～六七

楽、台所風景、鮨の作り方など、挿絵多数。当時の風俗資料としても価値が高い。他の料理書に比べ、解説がわかりやすいのも特徴。この年、アメリカ船、イギリス船が長崎に来航。

文化五年―**一八〇八**―この頃から菓子類に**国産砂糖**が使用され始める。

文政二年―**一八一九**―この頃、江戸で料理茶屋が繁盛する。

文政五年―**一八二二**―この頃、江戸で**にぎり鮨**が作られる。

文政八年―**一八二五**―幕府、異国船打ち払い令を出す。

天保三年―**一八三二**―**鯨**を皮・肉・内臓・軟骨などに分け、それぞれの部位ごとの料理法を記した『鯨肉調味方』刊行。鯨が古来から日本人にとって重要な食料であることが理解できる書物。

天保四年―**一八三三**―天保の飢饉始まる（～天保七年）。

天保七年―**一八三六**―江戸の漬物問屋・小田原屋の主人が、沢庵からたけのこ塩漬まで六十四種の**漬物**の作り方を記した『四季《しき》漬物《つけもの》塩嘉《しおか》言《げん》』が刊行。

天保十四年―**一八四三**―この頃、江戸で**いなり鮨**が売られ始める。

嘉永六年―**一八五三**―喜田川守貞『守貞謾稿』刊行。江戸時代の風俗についての考証的随筆で、前集三十巻、後集四巻、追補一巻からなる。挿絵も豊富。この年、ペリーが浦賀に来航、翌年には日米和親条約締結。

安政五年―**一八五八**―安政の大獄（～安政六年）。この頃、江戸で**佃煮**が売り出される。

文久三年―**一八六三**―長崎に日本初の**西洋料理店**・良林亭が開業。

慶応二年―**一八六六**―横浜、江戸で西洋料理店開業。

慶応三年―**一八六七**―大政奉還なる。江戸幕府廃止。

編集部作製

七月 大名家、七夕のお祝い

慶応二年（一八六六）七月七日

「慶応二年御献立帳」より

「慶応二年御献立帳」

ある大名の、慶応二年（一八六六）一年間の献立記録。後の研究により、三河半原藩の藩主・安部摂津守信発の、江戸上屋敷における記録と判明した。

御焼物
小鯛

御平
長いも
わらさ
いんけん
すまし

ノブレスな食生活

松井今朝子

ノブレス・オブリージュという言葉がある。元はフランス語で直訳すると「高貴さは人を義務づける」。つまり現代なら社会的なエリートは一般人よりも大きな責任を負って、高い公徳心を持つのが当たり前だというような意味であり、日本では比較的こうした意識が希薄だといわれている。

英国だと王族や貴族が戦場の最前線に立ち、平時は慈善活動に熱心なのがノーブル・オブリゲーションであり、日本人も明治の文明開化期にその影響を多分に受けはしたが、それがしっかり根づかないうちに戦後の平等主義がもたらされたというわけだろう。

果たして近代以前の日本には、特権階級にその手の意識は全くなかったのだろうか。

いきなりこんな話を始めたのは、今回の料理が江戸時代のノブレスを象徴する大名の「御献立帳《おこんだてちょう》」に基づいたものだからである。慶応二年の七夕に安部《あんべ》摂津守《せっつのかみ》が江戸藩邸で召し上がった献立で、なにしろ大名家における節句の祝い膳はどんなに豪勢かと思いきや、存外ふつうなのでちょっと肩すかしを喰らった。『柏崎日記』から再現された下級武士宅の

御汁
半へん
青み

料理が結構なごちそうだっただけに、意外の感が強いのである。

もっとも小鯛の焼き物は当然ながら尾頭付きで、安部氏は表の半身だけむしり取って、裏の半身は家臣に下げ渡したのではなかろうか。殿様は焼き魚をそんなふうに食べるものだと子供のころに親から聞かされて、以来、その出典が全く不明の話を、私はなんだかありそうなことだとして妙に今でも信じているのだ。

献立の中で小鯛に勝るとも劣らぬ贅沢な一品は「いり卵」だろうか。養鶏場なぞない時代は卵が現代とは比較にならない貴重品だったことはいうまでもない。安部氏がその卵をほぼ毎日のように召し上がっておられたのはさすがに大名で、たぶん藩邸に鶏が飼われていたと想われる。また当時の調理法だと煎酒《いりざけ》を用いるために、卵はしっとりした細かい粒状になり、私たちが日ごろ食す炒り卵とはまるで別の料理だった。

それにしても今回の献立は七夕の節句らしくもなければ、大名が召し上がった料理とは思えないほど質素である。むろん慶応二年は諸藩の経済が逼迫した幕末期であり、大名といえど、安部摂津守信発《のぶおき》は二万石の小藩主だったことを考慮する必要は若干あるのかもしれない。

ただし、大名はさぞかし贅沢な暮らしをしたであろうと想像するのもまた、庶民の無知による思い込みに過ぎないことは知っておくべきだろう。

大名の私生活や大奥女中の暮らしぶりは当時むろんマル秘だったはずで、それらが時代劇などでまことしやかに描かれるようになった背景には三田村鳶魚《えんぎょ》という人物の存在が見逃せない。早くに江戸の文化や風俗の研究に努めた彼は、昭和初期の段階でまだ存命だった旧大名や御殿女中の生き残りから直に話を聞いており、その聞き書きが時代考証のベースとなって今日に及んでいるのだ。

御猪口

いり玉子

中でも「浅野老侯のお話」と題された談話は、さほど羨望に値しない大名生活の哀しい一面を庶民に説き明かしてくれる。

浅野老侯とは広島藩最後の藩主長勲《ながこと》で、昭和十二年に九十六歳の大往生を遂げた殿様だ。安部信発氏とほぼ同年輩ながら、こちらは四十二万石の大大名であった。さりとて二万石の安部氏より贅沢をしていたかといえば、そうでもないようである。

彼の談話によれば「平常でも大名の食事は奢っとるだろうといいますが、私の方などは極めて質素なもので、朝は焼味噌に豆腐くらいです。昼と晩が一汁二菜です」とのことで、安部家とどっこいどっこいなのだった。

さらにこの談話を続けて読むと、ただ質素なばかりではない実に禁欲的な食生活事情が明らかとなる。まず自分はこれが食べたいなどと注文はできず、台所から前日に持ってくるメニューにざっと目を通して毎度「それでよしよし」といわざるを得ない。いつもより多く食べたり、逆に少なく食べたりするのも厳禁で、それによって調理の仕方に何か問題があったのではないかと周囲が揉めるのを回避した。むろん味付けにはいっさい文句がつけられず、何か嫌いなものが出たら「目を白黒して呑み込んだという話もある」のだからお気の毒だ。

かりに食べ物の中にゴミが入っていても、注意をするどころか、逆にそれを人に見られないよう隠さなくてはならない、とまで浅野老侯はおっしゃるのだった。

ある時は鼠の糞が入っていたのをどうしても隠し通せず、大騒動になった。そんな場合は放っておくと誰かが文字通り腹を切らねばならなくなるから、なんとか無事に収まるよう、糞が入った理由をむりやりこしらえて責任者を許すことにしたらしい。

大名のこうした不自由さは何も食生活ばかりではなかった。お風呂に入っても湯加減を自分では調節できない。お湯が熱ければ、熱いなあ……と独り言をつぶやくような調子でそばの者に知らせ、そのつぶやきが何人かの家来を経てようやく末端の現場に伝わる仕組みで、「その間、私は裸で立っておらねばならない。形式的でまことに困るのです」と浅野老侯は大いに愚痴っておられる。

つまりはこうした耐乏精神が平時における日本版ノブレス・オブリージュの最たるものだったのではなかろうか。慈善に励むことと比べれば、いささか積極性に欠けるきらいはあるけれど、実際にそれを身につける大変さは勝るかもしれない。

日本版ノブレス・オブリージュに照らし合わせると、自《おの》ずから日本のトップ像も明らかになってくる。すなわち自制心と耐乏精神に富んで、目下に対する気づかいと気配りを大いに発揮できる人物ということだろう。となれば、現代の日本社会はリーダー不在といわれるのも、なるほどと肯ける。戦後の学校教育が作り上げたエリートが、リーダーの資質を備え損なったことにも納得がゆく。

日本版ノブレス・オブリージュは少なくとも学校教育で身につくものではなさそうだ。それはまず血縁のない家人がいて成り立つ日常の食生活から培われるのであって、「おふくろの味」にこだわるようではノブレスの資格がないともいえる。お受験の塾通いに忙しくて、毎晩コンビニ弁当で済ませるような食生活は全く論外である。

もっとも大名からして気づかいの権化とならざるを得なかった事実をもってしても、日本社会では人の上に立つこと自体があまり快適ではなさそうである。今どきの若者はよく偉い人には絶対なりたくないというが、案外それは利口な判断なのかもしれなかった。

「慶応二年御献立帳」より

慶応二年（一八六六）七月七日

御昼　御祝膳

御平❶

長いも　わらさ

いんけん　すまし

御汁❷

半へん　青み

御猪口❸

いり玉子

御焼物❹

小鯛

❸ ❶

❷

質素な祝膳

松下幸子

「慶応二年御献立帳」は、『官休清規《しんぎ》別冊　調味料理栞』六（木津三辰著・昭和三年刊）に所収の、ある大名の慶応二年（一八六六）一年間の食事献立の記録である。記録には大名の名前はないが、昭和四十六年の「風俗」に報告された宮腰松子氏の研究によって、三河半原《はんぱら》藩主二万二百五十石、安部摂津守信発《のぶおき》の江戸上屋敷における献立記録と判明した。日常食のほか行事食、来客のもてなし、登城の弁当なども記されているが、現代人から見ると意外なほど質素な内容である。

記録には主食の飯の記入は省略されており、朝、御昼、御夜食として一日三食の献立が書かれている。朝は御汁と御猪口《ちょく》の一汁一菜が通例で、汁の具は野菜・豆腐などが多く、猪口は煮豆など煮物が多い。御昼は煮物の御平《ひら》か、魚類の焼物などの御皿のどちらか一菜である。御夜食は現在の夕食にあたり、御皿として差身《さしみ》・焼物・煮物などのうち一種で、朝と昼よりはご馳走だが一菜である。

再現した献立は七月七日、七夕の御昼の御祝膳である。御平（長いも・わらさ・いんけん）、御汁（半へん・青み）、御猪口（いり玉子）、御焼物（小鯛）

祝膳なので日常食よりは品数も多いが、大名としては

料理法

❶御平　長芋は輪切りにして皮をむいて蒸す。わらさの切身は塩をして酒蒸し、いんげんは塩茹で。三品を器に盛ってやや濃い目の清汁を注ぐ。

❷御汁　半ぺんは魚のすり身に大和芋1／5と塩を加えよくすり合わせ、湯に放し、浮き上がってきたらすぐ上げる。青菜は小松菜を使用した。

❸御猪口　玉子に煎酒・醤油・塩を加えて煎る。

❹御焼物　鯛には串を打ち、塩を振って15分ほど置いてから水洗いし、よく水気をふき取って改めて塩を振る。背びれ・尾びれ・胸びれには化粧塩を。

❺そうめん

❹

❺

質素で、当時七夕の食べ物として通例のそうめんの記入がないので省略したものと考え、再現ではそうめんを加えた。

江戸の年中行事を記した『東都《とうと》歳事記《さいじき》』（一八三八）には七月七日の項に「七夕《しっせき》御祝儀、諸侯白帷子《かたびら》にて御礼、今夜貴賤供物をつらねて二星に供し、詩歌をさゝぐ。家々冷索麺《そうめん》を饗す」とある。十一代将軍徳川家斉《いえなり》の文政六年（一八二三）一年間の食事を記録した『調理叢書』が国立国会図書館にあるが、その七月七日御二度目（昼食）の献立の中にもそうめんがある。ちなみに家斉の日常の朝食は一汁四菜、御二度目は一汁四菜、御三度目（夕食）は汁なしの五菜が基本的な献立である。

文政六年は天下泰平の時代であり、慶応二年は翌年で江戸時代が終わる激動の年であり、将軍と小大名の差のほか、時代の変化も食生活に大きく影響している。慶応二年七月二十日には将軍家茂が長州征伐出陣中に二十一歳で大坂城で病歿し、九月二十三日に徳川家の菩提寺である芝増上寺に埋葬されている。

安部信発は九月十三日に幕府から増上寺固《かた》め（警備）を命ぜられ、名誉なこととしてこの日の昼食は祝膳となり、飯・汁のほか鱠・坪・猪口・平・焼物・吸物・口取物・差身の献立で盛大に祝っている。九月二十三日は御新葬御法事の日で弁当持参で増上寺に詰め、溜塗御重の弁当は、御飯と煮物（長いも・椎茸・かんぴょう）、香の物（みそ漬大根）である。この後十月十一日まで八回お役目で増上寺に詰めているが、持参する弁当はほぼ同じである。なお、維新の後、明治二年六月に安部信発は藩知事となり、同四年七月の廃藩置県で半原藩は半原県になり、後に愛知県に編入された。

八月

流行作家、孫の誕生祝い

天保五年（一八三四）八月十七日

『馬琴日記』より

『馬琴日記』

『椿説弓張月』や『南総里見八犬伝』などで知られる曲亭馬琴（一七六七～一八四八）は、綿密な日記を遺したことでも知られる。文政九年（一八二六）以降のものが伝わっており、当時を知る貴重な資料となっている。馬琴は七十代で失明したが、嫁の路に口述で筆記をさせて『八犬伝』を完成させ、日記も失明以降は路の代筆によるものである。

赤飯

汁
つみ入
冬瓜
岩たけ

究極のプライベートな表現

松井今朝子

およそ絵画であれ、音楽であれ、文芸であれ、表現者がパトロナイズされる形でなく一般からの支持を得て自活できるようになったのは、人類の歴史の中でそう古い話ではない。現在は、また今後どこまで続くかも皆目わからない情勢でもある。

日本ではすでに江戸時代から夥《おびただ》しい数の出版物が刊行されていたが、文筆のみで生計が立てられた作家は極めて稀で、弥次喜多の『膝栗毛』シリーズを当てた十返舎一九と、今回ここに取りあげた曲亭馬琴くらいだといわれている。

一九と馬琴は年齢が二つしか違わず、作家デビューもほぼ同時期だが、馬琴のほうがはるかに長生きをした。物書きの宿命として晩年は共に眼病を患いながら、一九は失明する前に他界し、馬琴は完全に失明した後も口述筆記で創作を続けるという執念を見せた。

『南総里見八犬伝』に代表されるフィクション以外にも数多くのドキュメントを残しており、当時の文壇事情なぞは彼の筆を通してのみ知られるところが少なくない。

それらを読むと、たとえば大恩人であったはずの山東京伝《さんとうきょうでん》を始め他の作家には辛辣な論評を加えながら、自作を持ちあげるような書きぶりが目立ち、凄まじい自負心が窺えて、正直あまりお付き合いを願いたくな

膾
白瓜なまりぶし

いようなタイプに思える。フィクションを読んでもまた、壮大で浪漫的な作風はともかく、頗《すこぶ》る蘊蓄《うんちく》過多のペダンチックな筆致にはいささか辟易させられてしまう。

ところが日記を読めば、馬琴もやはり人の親であったことにほろりとし、筆一本で大家族を養った人のパワーに圧倒され、粛然と襟を正したい気分にもなるのだから面白い。

現在に残された日記は彼が五十九の年から始まっており、死ぬまで、いや死後も嫁お路《みち》の手で書き継がれているが、ここで取りあげるのは彼が六十八歳の天保五年、陰暦八月十七日の献立だ。この日は内孫のさちが満一歳を迎えた誕生日で、併せて食初《くいぞ》めを祝っている。

食初めはふつう生後百日くらいでするものだが、さちは三番目の内孫だから略式で誕生日と一緒にしたのだろうか。初孫の太郎はちゃんと別の日に食初めを設けたようで、ただしそれも生後九ヶ月目だから、身祝いの日取りはひょっとしたら馬琴の都合で決められたのかもしれない。執筆が立て込んでいる時期は避けただろうし、また出来ることなら稿料が入るなどして懐に余裕がある時にしたかったのではなかろうかと、つい下世話な勘ぐりをしてしまう。

献立を見ればそう贅沢な料理が並んでいるわけではないが、この日は馬琴の妹や娘ら一族の女性陣がこぞってお祝いに駆けつけている。おまけに来られなかった娘婿や嫁の実家や、果ては宅地の地主にまで届けさせたご馳走で、馬琴としては結構な物入りだったにちがいないのである。

祝い膳に赤飯は当然ながら、近頃は正月のおせち料理くらいでしかお目にかからない「くわゐ」の煮物が献立に登場しているのは、大きな芽を出した姿が「めでたい」とされたからだろう。もっとも「くわゐ掘る」は春の季語なので、陰暦八月だと当時は手に入れにくい稀少な食材

膾
白瓜
鰯

だったのかもしれない。

客人に供された膾《なます》の「なまりぶし」は鰹の身を蒸して生干ししたもので、家内食にされた鰯よりは上等な食材だったはずだ。関西では「なまぶし」と呼んで、私が子供の時分は甘辛く煮たのが総菜の定番だったが、これまた近年あまり見かけなくなったのは、食感がよく似たツナ缶に取って代わられたのだろうか。

内孫は三人いて、いずれも母親は馬琴が口述筆記をさせたことでよく知られるお路である。父親は馬琴の長男宗伯《そうはく》で、このお祝いの翌日、「宗伯、腹痛・水瀉《すいしゃ》甚《はなはだ》しく、殆《ほとんど》 苦悩す」と日記は伝える。

水瀉とは激しい下痢症状で、これは食中《しょくあた》りでなく脚気によるものだった。ビタミンB_1不足で起きる脚気は「江戸患い」とも呼ばれた当時のポピュラーな病気で、消化器障害や手足の浮腫《むく》み、心臓肥大などの諸症状を伴う。宗伯は脚気のほかにも口痛を患い、また頽疝《たいせん》という陰部の病にも苦しんでいたようだ。

勉学修業を積んで医師を志した宗伯は、馬琴ファンだった大名の縁故で御殿医にまでなれたものの、医者の不養生ならぬ幼時からの虚弱体質ゆえに病がちの身であった。さちの誕生日祝い直後には脚気の症状を著しく悪化させ、腹痛と下痢に苦しむ日々が続いている。

馬琴はこの当時『八犬伝』の第九輯巻之六を執筆中で、ほかにもシリーズ物を抱えながら、宗伯の病状があまりにもひどい時は、「今日も休筆」と日記に書かざるを得なくなっていた。

翌天保六年五月に、宗伯は妻と三人の子を残して三十九歳で早世する。馬琴自身は享年八十二で、妻のお百も七十八まで存命し、共に当時としては極めて稀な長寿夫婦であった。昔はよく、親の運が強すぎると子が親の運に負けて先立つといわれたが、この一家もそうした悲しい例に洩

猪口
蓮根しらあへ

れなかったのだ。

馬琴は創作を休筆しながら、宗伯が病状の悪化で御殿医として出仕ができなくなった旨の詫び状を「代筆」した。片や宗伯は重い病に苦しみながら、この間、すでに眼病を患っていた父のために、自らの手で密かに「ねり丸薬」をこしらえたりしている。

ふたりの間に父子密着とでもいいたいような関係が窺えるのは、馬琴自身が婿養子となって三人の娘に恵まれた女系家族の主だったからこそなのかもしれない。

ともあれ創作を休筆し、それを「今日も休筆」と日記に書く馬琴がいたことを忘れてはなるまい。なにせ前近代の人だから、本人がどこまで意識していたかはともかく、馬琴にとっては日記もまたひとつの作品であろう。彼は勇猛果敢な八犬士の活躍を描く一方で、水瀉に苦しむ虚弱な息子のことをどうしても書かずにはいられなかったのだ。稿料が得られる創作の執筆を中断しながら、何の報酬もないプライベートな日記を綴り続けたところに、物書きのいわば宿業のようなものが強烈に匂う。

馬琴が残した膨大な著作の中にあって、プライベートな日記が現代に最も興味深く読めるのは、そこに無意識の自己表現欲求が見て取れるからではなかろうか。馬琴に限らず、人の日記を読む面白さはその一点に尽きるかもしれない。翻って人は無意識のうちにプライバシーを開陳する欲求があるともいえる。

それにしても、人は食べることで命をつなぐのだから、日々の食事を記すのは究極のプライベートな表現であろう。

本書では一年間にわたって江戸の献立を紹介しているが、それらの食事を日々丹念に書き留めた人びとの心情もまた、私にとっては実に興味深いものだといわなくてはならない。

『馬琴日記』より

天保五年（一八三四）八月十七日

昼飯

赤飯❶

汁❷

つみ入　冬瓜　岩たけ

平❸

はんぺん　つまみな　くわゐ

麩　椎茸

膾❹

白瓜　なまりぶし

家内分は、白瓜　鰯

猪口❺

蓮根しらあへ

香物ならづけ等也

❶ ❷ ❸ ❹

赤飯で祝う

松下幸子

曲亭馬琴（本名は滝沢興邦）は江戸後期の小説家で、『南総里見八犬伝』など多くの著作があり、原稿料で生計を立てていた数少ない作家の一人といわれている。明和四年（一七六七）に江戸深川で生まれて江戸に住み、嘉永元年（一八四八）に八十二歳で病歿している。

『馬琴日記』は文政九年（一八二六）から嘉永二年（一八四九）に至る日記であるが、馬琴は天保五年六十八歳の二月に右眼を失明し、天保九年には左眼も衰えて手探りで原稿を書き、また口述して路《みち》（長男宗伯の妻）に代筆させた。『馬琴日記』が歿後の嘉永二年まであるのは代筆によって書き続けられたためである。

今回の再現料理は、天保五年（一八三四）八月十七日の、馬琴の孫娘さちの満一歳の誕生祝の祝膳で、中央公論新社刊『曲亭馬琴日記』第四巻によった。誕生祝については次のように記述している。

「今日、おさち誕辰ならびに食初内祝いたし遣し候に付、赤飯申付、昨日より用意いたし候処、今日、尤魚類払底にて、整かね候間、やうやく小鰈・はんぺん等にて間を合せ候。諸神え神酒・備餅、家廟《かびょう》（仏壇）え備もち・赤飯等、供之。

四半時（午前十一時）比《ごろ》、おさき、お次同道にて来る。昼

料理法

❶赤飯　小豆は5、6分煮てからいったん煮汁を捨て、改めて5～6倍の水を加えて静かに煮る。もち米2・米1の割合で洗い、小豆の煮汁に3時間ほどつけ、煮立たせた小豆の煮汁に入れて中火で炊き、濡れ布巾を敷いたせいろに入れて強火で30分ほど蒸す。

❷汁　つみ入は白身魚のすり身に山芋を加えて茹でる。冬瓜と岩茸もそれぞれ柔らかく茹でる。

❸平　くわいと椎茸は茹でてから清汁で煮て、軽く水に浸して絞った焼麩を加える。はんぺんと小松菜と合わせる。

❹鱠　白瓜は薄切りにし、塩でよく揉む。なまりは手でむしり、鰯は三枚におろして軽く塩を当て、それぞれ白瓜と酢醤油で和える。

❺猪口　蓮根は薄切りにしてさっと茹でる。豆腐は裏漉しし、西京味噌を加える。

前、おきく来る。其後、引つゞき、お秀来る。おの〳〵手みやげ持参。昼飯、赤飯。汁　つみ入・冬瓜・岩たけ。平《ひら》　はんぺん・つまみな・くわゐ・麩・椎茸。膾　白瓜・なまりぶし。家内分は、白瓜・鰯。猪口　蓮根しらあへ。香物ならづけ等也。お秀・おきく・おさき・お次は右昼飯たべさせ、家内一同、祝食之畢。」

祝膳が来客と家内分と違っているが、この時の馬琴家の家族構成は、馬琴と妻の百、長男宗伯と妻の路、その子どもの太郎・つぎ・さちの七人であった。馬琴には宗伯のほか娘が三人おり、おさきは長女で婿の清右衛門と飯田町で暮らし、おきくは馬琴の妹である。

献立の中の赤飯は、糯米《もちごめ》に煮た小豆またはささげとその煮汁を混ぜて蒸したもので現在と同じである。鎌倉末期から宮中の節日には用いられていたが、民間で慶事に赤飯を用いるのは江戸時代に入ってからのようである。赤い色は邪気をはらい厄除《やくよ》けの力をもつといわれ、また古代の米は赤米であったので祝儀には赤い飯を用いるともいわれている。

汁に用いた岩茸《いわたけ》は地衣類の一種で深山の岩壁に着生し、直径十センチ前後の円形葉状で乾燥して保存する。採取が困難なので高価であるが、江戸時代の料理書にはよく見られる。

流行作家の馬琴家であり、当時の中流の暮らしと考えられるが、意外に質素な祝膳である。住居は神田同朋町にあり、約八十坪の借地に二十坪たらずの家だったというが、庭には柿・葡萄・林檎その他の果樹を植え、果実を売って家計のたしにもしている。なお天保六年には宗伯が病歿しており、家族揃ってのさちの誕生祝は天保五年が最後になっている。

九月

御家人、引き継ぎの宴

宝暦七年（一七五七）九月二十八日

『官府御沙汰略記』より

『官府御沙汰略記』

江戸小石川に住む御家人小野直賢が、延享二年（一七四五）より三十年近くにわたって書き続けた日記。この日は、当主の直泰の異動に際し、異動先の人々を自宅に招いた宴席が設けられた。

吸物
花エビ

鯛膾

口福なおすそ分け

松井今朝子

ゴルフでうっかりホールインワンをしようものなら、キャディーさんへのご祝儀やら、祝賀会やら、記念品やら、あげくに植樹したりして大変な出費になるので、それ用の保険まである国は日本くらいのものではないか。滅多とない幸運を周囲にお裾分けするという意味なのだろうが、海外のゴルファーから見れば実に奇妙な風習だろう。

たぶんこれは何か慶ばしい事が自身や身内にあれば、内祝いをするという伝統に則ったものであるに違いない。内祝い自体もまた現代に意外と廃れていない感じがするのは、いかにも気づかいの国らしいといえる。したがって、ここに取りあげる小野家のおもてなしもまた、現代の日本人には十分理解の範疇に入るのではないか。

宝暦七年九月のこの日、小野家では大変に慶ばしい出来事があった。当主の小野直泰氏が徒頭《かちがしら》に任命されて、わが家で「組引渡し」という引き継ぎのセレモニーをしたのである。

今日でもテレビのニュースは内閣改造による新旧閣僚の引き継ぎをよく映像で流すが、ああしたセレモニー的な事務手続き自体、とても日本

汁
鯛摘入
岩茸

のお役所らしい発想といえそうだ。自宅でそれを行うという感覚は現代人の理解を超えているが、昔の役宅だったりすれば当然のことなのかもしれない。

ところで直泰氏が新たに任命された徒頭とは徒組《かちぐみ》のトップで、徒組とは馬に乗れない身分の武士が文字通り徒歩で沿道に付き添い、主君の身辺警護に当たる任務だった。大名行列で駕籠乗物のそばで歩いている人たちを頭に浮かべてもらえればいいかもしれない。それ以前に彼は大番《おおばん》与頭《くみがしら》という役職にあり、大番組は戦時だと最も頼りになる軍団ながら、平時はもっぱら主君の住まうお城の警備に当たっている。つまりは共にガードマン的な職務なのだが、大番組では頭だったのが徒組では頭になったのだから、それなりの昇進であったことは間違いない。係長か主任クラスだったのが、別の部署に異動して課長になれたようなものである。もっとも直泰氏は幕臣といっても将軍家の直属ではなく、御三卿の一橋家付きだから、つまりは中央官庁の出先機関や子会社の課長に就任したといった感じだろうか。

とにかく彼は新たな同僚や部下となる徒組のメンバー全員をわが家に集めて簡単な引き継ぎの儀式を行っており、今回はそのあとの宴会に出た料理が再現された。膾も鯛、汁にも鯛、煮物にも鯛という鯛づくしの献立なのは、めでたいイベントだったからだろう。

祝宴の料理に鯛を用いるようになったのは江戸時代以降であり、室町時代には鯉が祝い事には欠かせず、天皇の御前で切られて「やんごとなき魚なり」と『徒然草』にも書かれている。鯉に替わって鯛が珍重されるようになった背景には、単純に地理的な条件があったのではないか。すなわち内陸の京都と違って、江戸では海魚の輸送が比較的容易だった

焼物
スバシリ

という事実を無視できない。何しろ徳川幕府は祝宴に大量の鯛を用いたところから、駿河湾、伊豆半島、相模湾、東京湾の各所に上納を義務づけた生簀《いけす》まで設けていたらしいのである。

今回の鱠では「掻鯛《かきだい》」という鯛を削ぎ切りにした食感が新鮮だった。鯛の身は切り方によってまるで別種の魚のように味わいが異なり、刺身なら繊維に沿って厚からず薄からず切るのが私はやはり一番おいしいように思う。削ぎ切りだと切り口の表面がどうしてもザラつく感じだけれど、鱠にすれば煎酒《いりざけ》がしっかりとからんでくれて味わい深くなるのがわかった。

味噌汁に鯛のつみれが入っていて、煮物がまた鯛のはんぺんというのはいささか驚きの献立で、戴く前は鯛のような立派な魚をはんぺんにするのは勿体ないような気がしたものだ。そもそも関西生まれの私にとって、はんぺんは馴染みが薄い食品で、東京に来て初めて知った。当初、市販品をスーパーで買っておでんに入れたら、みるみる巨大化するので気持ちが悪くなって食べられなかった想い出すらある。

東京人にいわせると、上等のはんぺんはとても美味しいそうだが、わざわざそれを探し求めるほどの執着は起きなかったので、今回が初体験の味覚だ。なるほど、これなら鯛も浮かばれるであろう、ふんわりとして口溶けのいい食感が絶妙の味わいをもたらす逸品だった。それだけに、はんぺんと呼ぶのはやや抵抗を感じた。関西ならこれは真薯《しんじょ》というのではなかろうか？　いや、真薯はもう少し硬めの食感かもしれない。なぞと考えだしたら、はんぺんと真薯は果たしてどこが大きく違うのか、つみれとの違いまでよくわからなくなってしまった。

真薯は「薯」の字が意味するように魚肉のつなぎに山芋を使うのだが、

猪口
人参白アヘ

吸物
鱚 味噌

はんぺんも上等のものはそうだろうし、最後の過程で茹でたり蒸したりするのも同じように思われる。両者とも作り手によって原材料の割合や何かは微妙に異なるようだし、過去の文献や今日のレシピ本で確かめても決定的な違いは正直よくわからなかった。

つみれも同じく練り物だが、こちらは叩いた鯛の身をざっくり練って硬めの食感を活かし、みそ汁の濃い味に負けないようにしてあった。それにしても、この鯛の汁のほかに吸物が二品つくという献立の再現に、料理人の福田さんはさぞかし苦心をなさったにちがいない。「日記」によって一品は花えびの澄まし汁ということが決まっているし、みそ汁は鯛のつみれで登場するから、鱚《きす》の吸物は「みそ澄まし」とされた。みそ澄ましなるものは江戸時代によく用いられたそうだが、これも私は今回初めて味わうもので、ほんのりと味噌の香りがしながら、微塵もかけらがない完全なお澄ましであることに驚嘆した。手間暇を考えると、最も贅沢に感じられた逸品といってもいい。

贅沢といえば、こうした料理が一体どれだけの人びとに振る舞われたのかを、つい考えてしまう。日記には「組中」とだけあって、部下の人数までは書かれていない。ちなみに本庁勤務ともいえる将軍家直属の徒組の場合は一組あたり三十人前後いたようで、直泰氏の部下はそこまではなかったにしろ、同僚を含めると少なくとも十数人は押しかけてきた勘定なのではあるまいか。物入りなことたるや推して知るべしだろう。

結果として小野家は「今日中に金子三両為持越シ候様ニ」と借金の使いを出さなくてはならなかった。その大変さを思えば、ホールインワン保険まである現代ニッポン人のお付き合いはずいぶん楽なものといえそうである。

『官府御沙汰略記』より

宝暦七年（一七五七）九月二十八日

- 膾❶
- 鯛
- 汁❷
- 鯛摘入　岩茸
- 煮物❸
- 鯛半ベイ
- 焼物❹
- スバシリ
- 猪口❺
- 人参白アへ
- 吸物二
- 鱚　味噌❻
- 花エビスマシ❼

借金して宴会

松下幸子

献立の出典『官府御沙汰略記』は、江戸小石川に住む御家人《ごけにん》小野直賢《なおかた》の、延享二年（一七四五）から安永二年（一七七三）にわたる日々の記録をまとめたもので、二十八巻の膨大な自筆本である。内容は幕府の御触《おふれ》や人事異動などの公的記録のほか、社会的な事件や家族の生活の記録であり、食生活についても自家生産の味噌・醬油の作り方から、客を招いての宴会の献立までも記している。原典は細字でびっしりと書かれており、通読することは容易ではないので、この原典をわかりやすくまとめた氏家幹人著『小石川御家人物語』によって小野家の食生活を概観し、必要箇所を原典と照合することにした。

直賢は享保十四年（一七二九）に四十四歳で広敷添番《ひろしきそえばん》の役を最後に跡目を息子に譲って隠居し、名も直方と改めている。再現した料理は息子小野直泰が、宝暦七年（一七五七）九月二十七日に大番与頭から徒頭に転役した御役拝命の翌日二十八日、徒組《かちぐみ》の人々を自宅に招いて「組引渡し」の式をしたあとの宴会（現在の時刻で午後三時から五時頃まで）の献立である。

宴会の料理について原典には「膾鯛汁鯛摘入岩茸煮物鯛半ベイ焼物スバシリ猪口人参白アへ吸物二鱚味噌花エビスマシ肴硯蓋」とだけあり句読点もないが、福田氏は

料理法

1 **膾**　三枚におろした鯛をさらに掻きとり煎酒をかける。

2 **汁**　本膳の汁はみそ汁が決まり。つみれは摺り身だけでよい。

3 **煮物**　はんぺんは山芋を摺り合わせる。

4 **焼物**　今回は原典のすばしり（ぼらの幼魚）をいさきで代用した。

6 **吸物・鱚　味噌**　きすは三枚におろし、串を打って素焼き。

7 **吸物・花エビスマシ**　えびは背に包丁目を入れ、尾の剣先を身に刺し下茹でする。

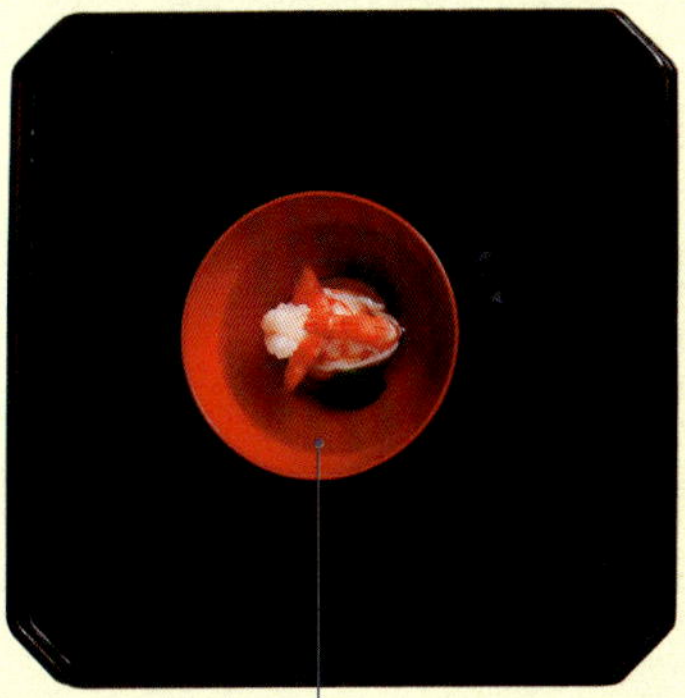

これを写真に見るような見事な料理として再現された。

膾《なます》の掻鯛は現在では珍しいが、江戸時代の料理書にはよく見られ、平目・鱸《すずき》・鯉などにも応用されている。『料理物語』（一六四三）には「鯛を三枚におろし　こそげてかさねもり候　煎酒よし　からし置くけんはよりがつほくねんぼ　みかん　きんかん」とある。掻くというのは三枚におろした鯛の一端を、目打でまな板に固定し、よく切れる包丁の先で少しずつ肉を掻きとり、まな板になすりつけて積み重ねていく手法のこと。

煎酒は室町末期からある調味料で、古酒に削り鰹節、梅干、たまり少量を入れて煮詰め漉して作る。醤油の普及以前には、指味《さしみ》や膾の調味料として広く用いられていた。白身魚によく合い、場合によって鰹節や梅干の量を加減するが、今回の再現では酒と梅干だけで作られ、試食では極上の鯛の風味を味わうことができた。

汁の摘入《つみいれ》は、魚のすり身におろした山の芋や卵白などをすりまぜ、箸でつまんで汁に入れて煮るもの、煮物のはんべいははんぺんとも呼び、白身魚のすり身におろした山の芋をすりまぜて形を作り、茹でたり蒸したりするもので、現在とほぼ同じである。

吸物のみそ澄しは『料理早指南』四巻（一八〇四）に「常の味噌汁煮たてて鉢に入れおきてさませば　みそはおどみて澄む也　それをみて用ゆ」とあり、江戸時代にはよく用いられた。

なお、汁は飯に添えるもので味は濃いめにし、吸物は酒の肴として供し、味は軽く薄めにするのが、汁と吸物の違いとされている。

豪華な献立の宴会は小野家の家計に影響し、借金をしたことがこの日の記録に見られる。

十月

下級武士、友人宅におよばれ

万延元年（一八六〇）十月七日
『酒井伴四郎日記』より

真黒之指身

『酒井伴四郎日記』
紀州藩の下級武士、二十八歳の酒井伴四郎が、万延元年（一八六〇）に江戸詰めを命ぜられ、単身赴任の日々を綴った日記。この日は、皆で菊見物に行ったあと、友人の森五三郎宅で夕飯をご馳走になる。

取口者
崩之半月
切巻玉子

寄せ物
長芋砂糖煮
いんげん豆之砂糖煮

取口
崩之半月

取口
切巻玉子

食のDNA

松井今朝子

長くアメリカに住んでいる友人にいわせると、タンシンフニンは今やカラオケのように国際語として十分通じるそうである。日本人がそれをさほど不自然に感じないのは、江戸時代の参勤交代がDNAに刷り込まれているせいだろうか。

　そして単身赴任となれば、男子厨房に入らざるを得ないのは現代の企業戦士も幕末の紀州藩士、酒井伴四《ばんし》郎《ろう》氏も同じである。幸い彼は食いしん坊で、炊事を苦にしないタイプだったようだし、江戸の町グルメにもせっせと励んで、食べログならぬ日記に書き込んでくれている。

　酒もよく飲むが、牡丹餅やおはぎが好物の甘党でもあった彼は、菊見帰りのごちそうで、口取りに甘い「寄せ物」がずらりと並んだのは大歓迎だったに違いない。

「寄せ物」と聞いて、私はまずフランス料理の前菜でよく出るテリーヌのモザイクジュレ（ゼリー寄せ）のようなものを勝手に想像していた。そもそも初耳の言葉だったから、京都で三代続けて料理屋をしている父親に訊いてみたが、父も知らないという。自分が無知なのかと心配になり、ほかの料理屋や老舗の蒲鉾屋などにも問い合わせてみたけれど、やはり

寄せ物
長芋砂糖煮

寄せ物
いんげん豆之砂糖煮

知る人はなかったらしい。

片や東京の築地市場では、近年まで「寄せ物屋」と称する店まであったというから驚きだ。

東京大塚の料亭「なべ家」のご主人、福田さんが今回お作りになったのは、長芋とインゲン豆の砂糖煮を裏ごしして羊羹状に固めた寄せ物である。それらはしっとりしていながら案外さらっとした舌触りで、素材の風味を少しも損なわない上品な甘みを備えた逸品であった。

しかし初耳にしては全く知らない味覚ではなかった。確かこういうのは「流し物」と呼んでたんじゃなかったかしら？　と思い、ふたたび父に形状と味わいを報告して問い合わせてみたら、「流し物」に間違いないとのことだ。

「流し物」は元禄初期に京都で出版された実用百科事典『男重宝記《なんちょうほうき》』にも見えて、「寄せ物」よりも古い言葉のようである。つまり上方の「流し物」がどうやら江戸で「寄せ物」という呼び名に変わったらしいのだった。

「難波の葦は伊勢の浜荻」といわれるように、物の呼び名は土地土地によって変わるし、ことに食べ物はそれが顕著である。魚類などは全国各地に異名があって、ほとんど統一されないまま今日に来ているのではなかろうか。

ところで近年は物流の発達が著しく、外国で水揚げされた魚がやたらとスーパーに出まわる時代だが、私が子供の頃まではまだ食べる魚が近海物に限られていたように思う。京都だと若狭湾か瀬戸内海産がもっぱらで、今回の献立のメインディッシュである鮪を食す機会は少なかったといってもよい。

小学生の頃、東京に来て握り鮨を食べたとき、シャリの上に羊羹が載

都芋之味噌汁

っていると勘違いしてビックリ仰天したのが鮪のヅケである。当時の京都ではまだ握り鮨そのものを食べる習慣があまりなかったのだ。

思えば和食といえど、この半世紀のあいだですっかり様変わりしたのではないか。

ともあれ酒井伴四郎氏は紀州人だったから、黒潮に乗って北上する鮪には馴染みがあっただろう。江戸でもむろん早くから、沖合を北上中の鮪を捕っていたはずだ。

皮肉のきいた狂歌で知られる蜀山人こと大田南畝《なんぽ》の随筆『一話一言』の中の「真黒《まぐろ》考」は文化七年の大漁を伝えている。その年は暖冬異変のせいか、伊豆、相模、下総の三国で「一日に一万本の漁あり」というから凄い。漁獲高もさることながら、江戸での消費がそれだけ盛んになっていた証拠だろう。

私のまわりにいる東京生まれの友人はみな一様に鮪好きである。それもトロでなく断然赤身のほうがいいという。トロを喰わんがために今や世界中の海から鮪をかき集める現代人とは、一線を画したい気分があるらしい。トロなぞ犬にくれてやっていた江戸っ子のＤＮＡを大いに主張するわけだ。

正直いうと、私はさほど鮪に心を惹かれず、したがって例の漁獲量制限問題にもあまり関心が持てない。

魚では何が一番好きかと聞かれたら、『細雪』の幸子ではないが、迷わず「鯛やわ」と答えてしまう。しかも幸子と同じく「鯛でも明石鯛でなければ旨がらない」口である。

自身は京都生まれだが、父方の曾祖父は兵庫県の出身で、それこそ明石に漁場を持ち、明治の初期に瀬戸内海の魚を京都に直送するという、当時としては画期的な方式で料理屋を創《はじ》めた人である。そのＤＮＡが私

十月

小茄子之塩押
茶漬出ししたし御飯

の体内にしぶとく残っているらしい。

次いで、またしても違いにこだわるようだが、お茶漬けも東京ではお茶を使わずに出汁を使うのがふしぎで、なぜなんだろう？　という疑問が常々あって、今回はそれにひとつの回答が得られた思いもある。

わが家では冷やご飯はもとより炊きたてでも、毎食の〆は必ずお茶漬けだった。関西の商家ではありがちな習慣だけれど、茶碗を洗い喰いするようで見苦しいと言われたことがある。たしかにそう言われると、禅宗の食事で最後に応量器を始末する作法と似ているかもしれない。

よく京都では「お茶漬けの一杯でもどうどす？」の誘いをうっかり真に受けると、「厚かましいやっちゃなあ」と後でさんざん陰口を叩かれるなどというが、要はそれほどもてなしとは縁遠い、ごく内輪に限られた日常食なのだ。

ところが酒井伴四郎氏をもてなした森家では、お茶漬けをごちそうの一環として出したからこそ、日記にしっかり書き留められたのだった。なるほど出汁を使ったお茶漬けはたしかに立派なごちそうで、どうやら幕末の江戸ではひとつの料理として認知されていたらしい。

その背景には、江戸中期から各所に出現した「茶漬屋」の存在があったのではないか。古いところでは浅草の「海道茶漬」や堀之内の「婆々の茶漬」。新橋に近い「山吹茶漬」などはかなりの有名店だったようだ。

お茶を出汁に代えたのはそうした茶漬け専門店ではないのだろうか。大勢の人に茶漬けを出すとなれば、そのつどいちいちお茶を淹れるよりも、あらかじめ大量の出汁を作って注いだほうが便利なことはいうまでもない。

鰹節だけを用いる江戸前のすっきりした出汁のお茶漬けを心地よく味わいながら、私は長年の疑問もまたすっきり解けた気がしたのだった。

『酒井伴四郎日記』より

万延元年（一八六〇）十月七日

真黒之指身ニ❶

取口者❷

崩之半月ニ

切巻玉子

寄セ物❷

長芋砂糖煮

いんけん豆之砂糖煮

誠ニ奇麗ニ而味し又

都芋之味噌汁ニ❸

小茄子之塩押ニ而❹

茶漬出ししたし御飯❺

喰酒呑

❶

❷

❸

たまのご馳走

松下幸子

紀州和歌山に妻子を残し、江戸の紀州藩赤坂藩邸の勤番長屋で、同居人二人と共に暮らす二十八歳の下級武士酒井伴四郎の日記から、万延元年（一八六〇）十月七日の夕食の献立を再現した。出典は林英夫翻刻の「単身赴任下級武士の幕末『江戸日記』」で、青木直己著『幕末単身赴任 下級武士の食日記』も参考にした。

日常は自炊で、購入する食材は豆腐や鰯が多い質素な食生活の伴四郎にとって、この献立は嬉しいご馳走だったらしい。十月は菊の季節、誘われて菊見物に出かけ、帰りに同行の森五三郎の家でご馳走になった夕食である。献立部分の原文は「真黒之指身ニ取口者崩之半月ニ切巻玉子寄セ物長芋砂糖煮いんけん豆之砂糖煮誠ニ奇麗ニ而《て》味《うま》し又都芋之味噌汁ニ小茄子之塩押ニ而茶漬出ししたし御飯喰酒呑」とあり、このあと碁を始め、四つ半（午後十一時頃）に帰っている。

句読点のない原文は、読み方によって料理の内容も変わってくるが、福田氏と協議の結果再現したのが写真の献立である。

鮪の指身《さしみ》（指味・刺身・差味・差躬・魚軒とも書く）は現在と同様であるが、鮪は脂肪の多い肉質やシビの別名が嫌われたらしく下賤の魚とされ、江戸後期から赤身が一般

料理法

❶**真黒之指身**　黄肌まぐろを使用。七、五、三切れの奇数で盛り付ける。

❷**取口者／寄せ物**　寄せ物二種は、それぞれ茹でて裏漉しし、砂糖などを加え練り上げたもの。かつては蒲鉾や玉子焼などと共に、「寄せ物屋」で購うのが普通だった。

❸**都芋之味噌汁**　里芋は六角に皮を剝き下茹でする。吸い口は割り胡椒。

❹**小茄子之塩押**　小茄子は煮立ててから冷ました塩水に漬け、押しをかける。

❺**茶漬出ししたし御飯**　薬味は刻み葱ともみ海苔。

❺

❺

❹

に用いられるようになったが、鮪に合う醤油の普及も一因と考えられる。

　取口とあるのは口取の誤記と考えられ、崩《くずし》の半月、切巻玉子、寄せ物の三種である。崩は魚鳥肉のすり身のことで、半月とあるので半月型の蒲鉾のこと。切巻玉子は玉子焼を巻いて切ったもの。寄せ物といえば、現在は寒天寄せを連想するが、江戸時代の料理書には寒天の寄せ物は稀である。『料理早指南』二巻（一八〇一）の「寄物《よせもの》こしらへ様」には、魚のすり身、玉子、長芋、さつまいも、みぢん粉（もち米を蒸して乾燥し粉にしたもの）などを主材料にして、蒸してつくる寄せ物二十五種がある。そこで長芋砂糖煮、いんげん豆砂糖煮は寄せ物の主材料と解釈した。「誠ニ奇麗ニ而味し」も口取にふさわしい表現である。なお、長芋はくちなしの実で美しい淡黄色に染めた。

　味噌汁の都芋は里芋の品種名で、再現では市販の里芋を用いた。小茄子の塩押はわかりやすいが、再現料理の撮影後に、江戸東京博物館刊『酒井伴四郎日記――影印と翻刻』の影印によって「小茄子菜」が正しく、林氏の翻刻では「菜」の一字欠落があったことを知った。

　原文の解釈に苦心したのは「茶漬出ししたし御飯喰」で、「茶漬出し」は客の立場ではおかしいので、「茶漬出ししたし御飯」と考えた。茶漬はお茶をかけたご飯をいうが、現在でも鯛茶漬といえば、お茶ではなくだしをかけるものをさす。江戸に来て日の浅い伴四郎は茶漬と思ってたべ、だしをかけたご飯だったのでこのように書いた、と考えた。試食した「だし浸しご飯」は刻み葱ともみ海苔を薬味にし、だしの旨味と香りを満喫でき最高の味だった。

十一月

中級武士宅での豪華な酒宴

文久元年（一八六一）十一月五日『石城日記』より

酢たこ

『石城日記』

武州忍藩の下級武士・尾崎石城隼之助が文久元年（一八六一）から翌年にかけて記した絵日記。友人の中級武士・奥山治兵衛の家によばれて二晩続けて馳走になった、その二日目の献立を再現した。

鶏ねぎ鍋

『石城日記』より、料理を再現した文久2年11月5日の挿画。「石城」は日記の筆者・尾崎隼之助の字（あざな）。慶應義塾大学文学部古文書室蔵

ご馳走とは食材の調達なり

松井今朝子

日本の夏休みに欠かせない絵日記は、果たしてどこの国の子供たちにも課せられる宿題なんだろうか？　そんな疑問がふと湧くのは、絵と文を合体させた表現形式に日本人が昔から長《た》けていて、現代でもマンガとアニメが世界を席巻しているように見えるためだ。

マンガのルーツは、鳥羽僧正の「鳥獣戯画」に倣《なら》って江戸時代の半ばに庶民のあいだで広まった鳥羽絵に遡り、これが山東京伝《さんとうきょうでん》らによる「黄表紙」の出版で著しく開花した。

幕末の武州忍《おし》藩士、尾崎隼之《はやの》助《すけ》氏が自らの『石城日記《せきじょうにっき》』に添えた挿画も鳥羽絵っぽい、つまりマンガチックで飄々とした味わいがある。そこにはのほほんとした日常生活が楽しげに展開されて、とても不遇をかこつ人が描いたようには見えない。

しかしながら彼は御馬廻役《おうままわりやく》百石取りの身分で上司に意見書を提出したら、たちまち無役の十人扶持に落とされた反骨のサムライだ。年収五百万の中堅サラリーマンが上司に睨まれて窓際に追いやられ、いきなり月八万の薄給になってしまったような話だから、今なら即パワハラ訴訟ものだろう。こうした無茶な降格人事の背景には、当時いずこでも見られ

芹したし

大根里芋煮附

た幕末の藩内抗争があったと想像される。

今回再現された晩餐の一週間後には、皇女和宮《かずのみや》降嫁の行列が当地を通過する予定で、彼は警護の準備にも追われ、猫の目のようにコロコロと変転した幕末の政治情勢に翻弄されていたことを窺わせるのだ。

政治情勢の変化でいかなる悲運に見舞われようと、人間は日々食べるのを忘れない逞しい存在であることを私に強く印象づけたのは、台湾のホウ・シャオシェン監督が撮った名画「悲情城市」だった。尾崎氏の『石城日記』がそれと似たような感慨をもたらすのは、降格処分後もしばしばかつての同僚のもてなしに与って、意外に恵まれた食生活をエンジョイしているからではなかろうか。

旧友の中でも奥山氏とはよほど懇意にしていたのか、このときも泊まりがけでご馳走になり、メインディッシュは二晩共に鶏ねぎ鍋だった。

鶏ねぎ鍋と聞いて、関西生まれの私は漠然と水炊き風のものを思い浮かべてしまったが、博多から関西に広まったそれは大陸の食文化を摂り入れたものに相違ない。「なべ家」のご主人福田さんが再現されたのは醤油と酒と味醂を使ったすき煮ふうの味付けで、これが江戸のオーソドックスな食べ方だったようである。

今のパック入りを使えばお手軽に作れる鶏ねぎ鍋だが、当時はまず鶏肉を用意するのがかなり面倒だったと思われる。江戸の町には「〆鳥屋」と称する鶏肉専門店があったというけれど、武州忍藩の奥山家では庭で飼っていた鶏をしめたのではなかろうか。バタバタと必死で逃げる鶏と、ねじり鉢巻きをした家人の大捕物が目に浮かぶ。ご馳走とは、文字通り走りまわることだったのだ。

以前、猟友会のメンバーから鴨をもらって大変な思いをしたという人の話を聞かされたことがあるが、羽根を抜いたあとに細かい毛をむしる

ふりさしみ

ゆこうふ

のが凄まじく厄介で、結局どうにも処理できなかったとのこと。奥山家でもまた、そうした手間暇をかけることこそが何よりのご馳走と思われていたのだろう。

鶏肉を私は子供の頃ごくふつうに「かしわ」と呼んでいたが、それはもともと柏の枯葉色をした鶏の品種が美味だったところから来ていて、しだいに鶏肉全体を指すようになったらしい。ただし江戸では決して用いられない言葉だと、西澤一鳳《いっぽう》は指摘している。

一鳳は江戸後期に活躍した歌舞伎の脚本家で、役者と共に江戸と上方を頻繁に往来し、脚本家たるもの土地の言葉にも敏感だから、両都市圏の異同についていろいろと書き残してくれた。

上方では柔らかな「かしわ」の肉が広まったのに対して、江戸は硬い「しゃも」の肉が好まれたようで、ちなみにこちらはシャム即ちタイ原産の品種を改良した鶏だという。

ほかの鳥では昔も今も鴨肉がわりあいポピュラーだが、食い意地が張った私は動物園に行くと檻の中の鶴を見て、いつも残念に思うのだった。

将軍家の猟場で獲った鶴は毎年朝廷へ献上され、諸大名にも下賜《かし》された。吸い物にする高級食材だったようで、むろん一般庶民には縁遠い肉とはいえ、セレブは食べられたから、お裾分けに与るチャンスや味わった感想が聞ける可能性も大いにあったわけである。

井原西鶴によれば、元禄の名優坂田藤十郎は、銀十枚すなわち今の七、八十万円ほどで鶴一羽を購入し、ふだんのお吸い物にしていたという。

鶴は千年の縁起物でもあったから高級食材になったのだろうが、肉自体も相当美味だったに違いない。姿かたちは白鷺だって美しいのに、今でもそれを人里でよく見かけるのは、肉がまずくてあまり捕獲されなかったせいではなかろうか、と思ったりもする。

からし茄子

きくみ、人参

ところで今やスーパーでなんでも買えるし、ネットを使えば全国津々浦々の珍味が手に入る時代だから、つい簡単に考えがちだが、鶏肉にしろ魚肉にしろ料理をするにはまず食材の調達が必須である。

ブリを漢字で鰤と書くのは師走が旬の魚だからという説もあって、カラーグラビアの撮影は雑誌が出る一ヶ月半前なので、福田さんは入手にずいぶん苦労されたらしい。北海道でようやく天然物が見つかったとお聞きした。

今の業界では天然物がブリ、養殖はハマチと呼ばれて流通するともいうが、ハマチはもともと関西方面でブリの幼魚を指す言葉だ。いわゆる出世魚で、関東ではワカシ、イナダ、ワラサ、ブリの順で成長を遂げる。ブリにまで育つのに三、四年はゆうにかかるらしい。

それにしても、奥山家では一体どうやってブリを調達したのだろうか？

武州忍藩は現在の埼玉県行田《ぎょうだ》市に当たり、海岸線がまったくない内陸の土地である。にもかかわらず奥山家の食膳には酢蛸も見られるし、尾崎氏は他家でも海魚の刺身をよくご馳走になっているのだ。

行田市にたまたま友人がいて、新築した自宅のお披露目に伺ったら、そこは堤防沿いに建つ鉄筋三階建ての一軒家で、屋上から群馬県との県境をなす利根川が一望できた。同じ内陸でも京都盆地を流れる鴨川の浅瀬で遊んだ私の目には、海と見まごう悠々たる大河であり、その昔はさかんに船が行き交った様子も偲ばれた。

恐らく常磐沖で捕れたであろうブリは銚子の湊で水揚げされ、利根川を遡って忍藩に届けられたのではなかろうか。

食材の観点から眺めると、江戸の風景は俄然ダイナミックに蘇るのである。

『石城日記』より
文久元年（一八六一）十一月五日

芹したし❶
大根里芋煮附❷
酢たこ❸
鶏ねき鍋❹
ふりさしみ❺
ゆとうふ❻
からし茄子❼
きくみ、人参❽

❶

❷

❸

❹

幕末の喧騒の中で

松下幸子

『石城日記』は、武州忍藩の下級武士尾崎隼之助（石城は字）の、文久元年（一八六一）六月十五日から翌年四月二十九日までの、三十三歳から三十四歳にかけての日記である。画人でもある石城の日記には、飲食関係の記述と共に挿絵が豊富で、食事の光景や台所での炊事の様子などもあり、食生活の史料として役立つものが多い。石城は安政四年（一八五七）に政治的主張を上告して、食禄百石を減ぜられて十人扶持となり、日記の期間は失意の時期と重なるが、挿絵は洒脱で見飽きない。

日記には食事記録のない日もあり、巻頭の六月十五日には朝食は無記入で、午飯は焼貝、夕飯はしじみ汁とだけある。下級武士の日常の食事は質素だが、料理屋での酒宴や他家でご馳走になった時の記録は詳しい。再現した文久元年十一月五日の夕食献立も、友人の奥山宅でご馳走になったものである。十二日には江戸へ向う和宮の行列が当地を通過するので、奥山の養子は警護のため出立するなど、騒然とした幕末のひとときの酒宴である。

献立は、見開きで大きく描かれた酒宴の光景の右上に、横並びに書かれている。「芹したし、大根里芋煮附、酢たこ、鶏ねき鍋、ふり（ぶり）さしみ、ゆとうふ、から

料理法

❶芹したし　煮きり酒5、醬油1であえる。

❷大根里芋煮附　大根は下茹でし、里芋は蒸してから皮をむく。酒1、醬油1、水6、砂糖少々で煮詰める。

❸酢たこ　酢たこにかける合わせ酢は、煮きり酒1、酢1、醬油少々の割合。

❹鶏ねぎ鍋　割下は酒1、味醂1、醬油1、水4の割合で。割下は余分に用意すること。

❺ふりさしみ　ツマはおご、大根おろし、辛味はわさびで。

❻ゆとうふ　薬味は好みで、葱、生姜、大葉、唐辛子など。

❼からし茄子　茄子は大きめの賽の目に切り塩を振って置いてから絞り、からし醬油であえる。

❽きくみ、人参　菊の花びらは酢を落とした熱湯で茹で水にさらし、人参と混ぜて煎酒酢をかける。

❺

❻

❼

❽

し茄子、きくみ、人参」。料理の多くは現在のものと同じでわかりやすいが、問題は鶏ねぎ鍋と、きくみ、人参である。

　再現では鶏ねぎ鍋は、鶏のぶつ切りと葱の鍋物としたが、軍鶏《しゃも》を用いた可能性もある。『守貞謾稿』（一八五三）には鶏について「鴨以下鳥を食すは常のことなり。しかれども文化以来、京坂はかしわと云ふ鶏を葱鍋に烹《に》て食すこと専《もっぱ》らなり。江戸はしやもと云ふ闘鶏を同製にして、これを売る」とある。江戸では筋肉の引きしまった軍鶏が好まれたらしいが、忍（現在の埼玉県行田市）ではどうだったのだろうか。

『江戸料理集』（一六七四）には、鶏料理を供する時には、嫌いな人が多いので、その場合に備えて替料理を準備しておくようにとあり、江戸時代の人々の好んだ鳥の第一は鴨（最高位は鶴）で、料理書にも鴨料理が多い。

　次のきくみ、人参は料理法がわからないので「酢菜《すさい》」として再現した。きくみは菊味と書き、菊の花びらを茹でたものである。酢菜は野菜を酢に浸した料理で古くからあり、室町初期の成立といわれる『庭訓《ていきん》往来』には「茄子の酢菜」がある。『日葡《にっぽ》辞書』（一六〇三）では酢菜を「大根と酢でつくったサラダ」とポルトガル語に訳している。酢の物は魚介類もふくむ広義の料理名であるが、酢菜は野菜料理である。再現では福田氏が菊の花と人参の量の割合を工夫され、煎酒に酢を加えた煎酒酢を用い、さわやかな風味の一品とされた。

　なお、湯豆腐は『豆腐百珍』（一七八二）に「湯奴《ゆやっこ》」の名で作り方があり、鍋で煮ながら豆腐がまさに浮き上がる瞬間にすくい上げるようにと詳細な記述があるが、鶏ねぎ鍋と重なるので、器に盛った形にした。

十二月

隠居大名、観劇の宵

安永四年（一七七五）十二月四日

『宴遊日記別録』より

焼物
平魚

『宴遊日記別録』

柳沢吉保の孫にあたる大和郡山藩主・柳沢信鴻（一七二四〜九二）は、五十歳で隠居してから、俳諧や観劇三昧の生活を送った。剃髪するまでの十三年間つけていた日記が『宴遊日記』、観劇をした日だけの記録をまとめたものが『宴遊日記別録』である。

鱠

平魚 卵掛 大根

汁
根芋
摘肉

「贅沢な時間」のご馳走

松井今朝子

一年があっという間に感じるのは年を取った証拠だとしたのは昔の話。今はスケジュールぎっしりの小学生も同じ思いを口にする。何かと気ぜわしい年の瀬は、もうあとひと月あればと願うが、月の運行に基づく陰暦では太陽との関係を調整するため、三年に一度くらいのわりで閏月《うるうづき》をプラスした。今回再現されたのは、その閏月で一年が十三ヶ月に増えた安永四年の料理である。

ところで、高度成長を支えた中高年男性も定年を過ぎた今はよく姿を見せるとはいえ、日本の大劇場は長らく女性陣の縄張りだった。幕間《まくあい》は女子トイレの前に長い行列ができ、堂々と男子用に潜入するオバサンも以前はよく見られたが、今はどうなんだろう？

江戸時代の劇場にはトイレがなかったから、女性客は近くの芝居茶屋で用を足し、そこでチケットや飲食も取るのが普通だった。そのなごりで、今も大劇場の公演は、場内の食堂を利用しろといわんばかりに、幕間の休憩時間を長くしている。

客席に弁当を持ち込む人も少なくないが、昔は場内で飲食する客をカベスと呼んで馬鹿にした。カベスとは菓子弁当寿司の略語で、つまり芝居茶屋に立ち寄ってカネを落とさないケチな観客というわけだ。ともあれ日本の大劇場は今も昔も飲食とワンセットの空間として存在する。

平

鴨
松茸
芹
蒲鉾
くわへ

「女子嫌ふ男と芝居嫌ふ女はなき」と『世事見聞録』が伝えるごとく、昔も芝居好きは女性に多かったが、中には柳沢信鴻《のぶとき》氏のように大変な芝居好きの殿様もいた。彼は柳沢吉保《よしやす》の孫に当たる風流大名で、その『宴遊日記』は当時の歌舞伎を知る貴重な資料でもある一方、リタイアした人生の優雅な時間の使い方を教えてくれる。

今に残る駒込の六義園《りくぎえん》を住まいにしていた彼は、そこからなんと駕籠を使わずに、テクテク歩いて日本橋近辺の劇場に通っていた。当時は役者と興行主が一年ごとに出演契約を取り交わし、契約開始となる十一月のオールスター公演を顔見世と呼んで、各劇場が早朝からお祭り騒ぎのパフォーマンスを繰り広げたが、信鴻氏はそれを見るために、まだ夜が明けない七ツ半（五時）前に屋敷を出ている。

湯島の聖堂あたりでようやく空が白みはじめ、日本橋を越えて提灯を消し、「猿屋」という芝居茶屋に到着したのが六ツ半（七時）前。この時すでに森田座ではオープニングの三番叟《さんばそう》が始まっていた。森田座があった木挽町《こびきちょう》は目下建て替え中の歌舞伎座界隈で、六義園からのウォーキングは健康にもよさそうだ。

安永四年は閏月があったせいか、森田座の芝居は十一月で完結しなかったので、彼は続きを見るため十二月に入って再び観劇を試みた。この日は九ツ（正午）に屋敷を出て、猿屋に到着したのが八ツ（午後二時）頃。すでに場内は満杯で、彼が見始めたのは「身替りの少し前」とある。

高貴な人物に成り代わって庶民が命を落とす身替り劇は歌舞伎芝居のオハコだった。

顔見世の演目はオールスター競演のため、見せ場本位で筋が支離滅裂な芝居になりがちだが、身替り劇のような悲劇の直後は華やかにショーアップした舞踊シーンになるのが定番で、それには三味線コーラスが舞

漬物
はりく

台上にずらりと並ぶ「出語《でがた》り」が付きものだ。

信鴻氏は「出語り前にて、楽屋通り猿屋へ夕餉にゆき」と書いているから、その間およそ半刻（一時間）ほどの幕間休憩があったのではなかろうか。

芝居茶屋での晩餐は汁と鱠と平《ひら》と焼物に漬物という、今の場内食堂なら「松」定食とでも呼びそうなフルコースだった。汁の摘肉を海老のつみれとしたのは料理人福田さんのアイデアだが、彩りもいいし、海老蔵の縁からして、いかにも当時を髣髴とさせる椀物だ。

平とはもともと平たいお椀のことだが、それを煮物の容器にしやすかったところから、平イコール煮物の異名となったらしい。その中に松茸が入っているのは十二月だからちょっと意外な感じがして、福田さんにお尋ねしたら、今だと十二月まではナマの松茸が使えるそうで、それ以降はやはり塩漬けか佃煮状のものを用いるしかないという。信鴻氏が陰暦十二月に食べた煮物は果たしてナマ松茸だったのかどうか、ちょっと気になるところではある。

この日、二番目の演目は『京大坂江戸三ケ津《さんがのつ》之《の》顔見《み》世見立《たて》』と称して、三大都市それぞれの顔見世の特徴的なシーンを再現する非常に珍しい舞台だった。

中でもユニークなのは夕方から朝までの夜間興行だった大坂の顔見世で、それに倣って場内に夥しい数の掛行灯《かけあんどん》をともしたから、信鴻氏は「昼の如し」と記している。「連中」と呼ばれる役者のファンクラブが舞台にあがって派手なパフォーマンスを繰り広げるのも大坂ならではで、それを見せられた江戸っ子の観客はうらやましいと思ったか、逆に引いてしまったか、さてどっちだろう。

ラストは江戸歌舞伎恒例の『暫《しばらく》』で威勢よく幕が閉じられて、多くの

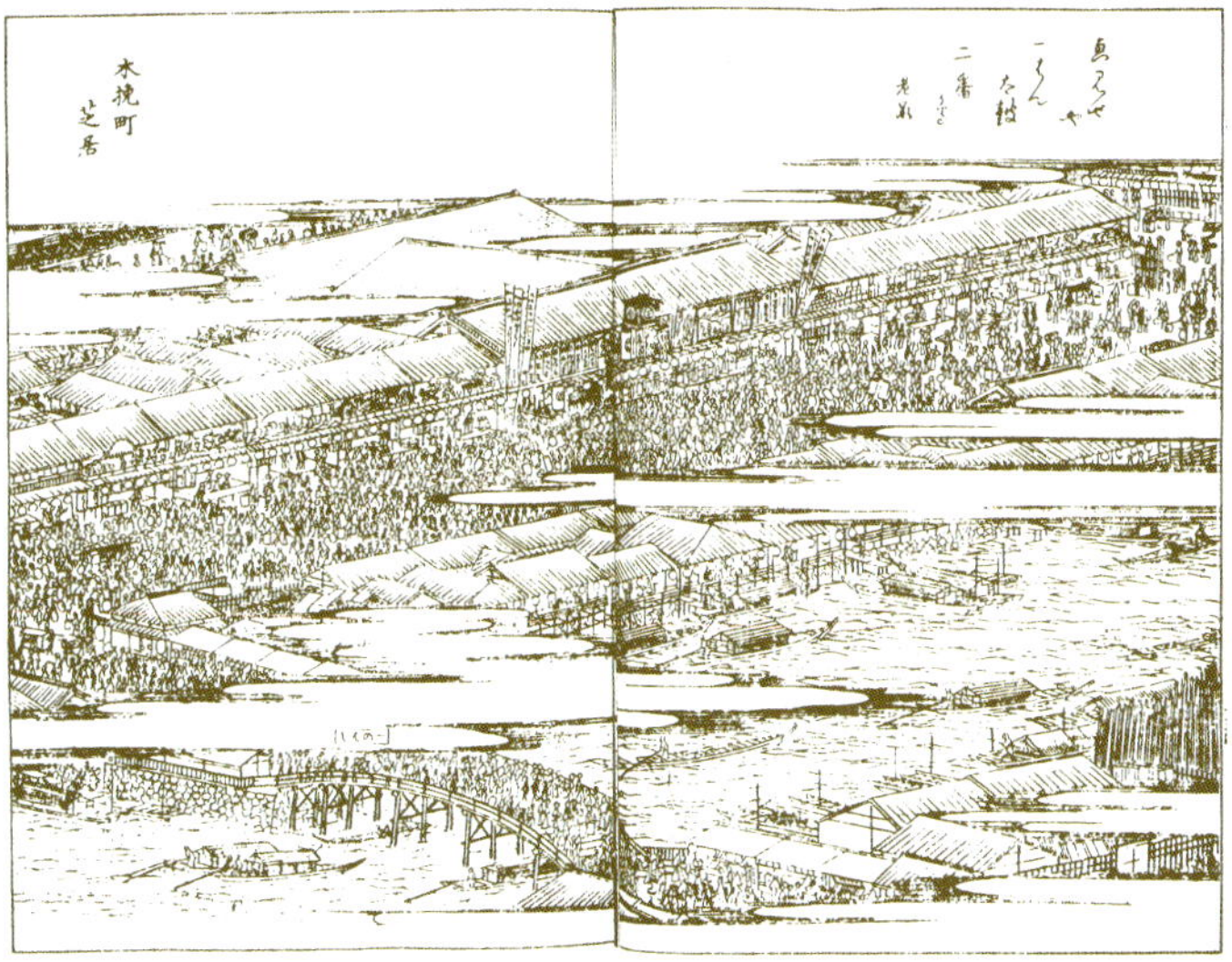

木挽町の芝居小屋。
『江戸名所図会』より

観客と共に信鴻氏もご満悦で引き揚げたにちがいない。

終演は五ツ（午後八時）過ぎで、開幕からだと十二時間も見る計算になるが、観客は出たり入ったりしているので、そんなに疲れることもなかったのではないか。ちなみに私が小中学生のころ、京都南座の顔見世は朝十時に開幕し、夜の十二時まで上演していたが、幸い家が近所だったから、途中で戻って食事したりしながら、いつも最後まで見届けたものである。

終演後、信鴻氏は蕎麦を夜食に、芝居茶屋の家族と親しく語らい、またテクテクと歩いて帰宅したのが深夜九ツ（十二時）。ちょうど丸半日かけて、往復四、五時間のウォーキング付き観劇と宴遊をこなしたのは、当時五十二歳の男性として、かなりタフなほうだったのだろう。

五十歳で官職を辞した彼は、六十二で剃髪するまでこうした日記を書き続けている。政務雑事を離れたまさに悠々自適の人生で、大名か裕福な商人のご隠居さんでなければ、ここまでのハッピーリタイアメントは望めなかったかもしれない。

ただし彼の隠居は当時けっして早すぎるほうではなかった。人間五十を過ぎれば、いつ死ぬかわからないから、余生は趣味を思う存分エンジョイして、心静かに極楽往生を願うのが一般的な風潮だったといえる。今はいつまで生きるかわからないので、かえって先行き不安に駆られるのだから、なんとも皮肉な話だ。天下り先の確保に汲々とし、年金の減額を気にするような野暮は江戸と無縁で、寿命は短くても短いなりに人生を豊かにする知恵や心得が皆あったというべきだろうか。

われら現代人は、便利な暮らしの中で当時よりもずっとたくさん人生の時間を持ちながら、何ものにも縛られない「贅沢な時間」という名のご馳走に手が届かなくなってしまったようである。

『宴遊日記別録』より

安永四年（一七七五）十二月四日

夕餉

汁❶
根芋　摘肉

鱠❷
平魚　卵掛　大根

平❸
鴨　松茸　芹　蒲鉾　くわへ

漬物❹
はりく

焼物❺
平魚

芝居茶屋の料理

松下幸子

『宴遊日記別録』は、本編の『宴遊日記』とともに『日本庶民文化史料集成』第十三巻に翻刻と校注がある。著者の柳沢信鴻《のぶとき》は吉保の孫にあたり、大和郡山藩の二代藩主。安永二年（一七七三）に五十歳で隠居して江戸駒込の別邸（現六義園《りくぎえん》）に住み、俳諧・書画・観劇などの趣味の生活を送った。隠居してから天明五年（一七八五）六十二歳で剃髪するまでの十三年間の日記が『宴遊日記』で、その期間中に観劇した百十九日の記録が『宴遊日記別録』三巻である。芝居茶屋での食事の記録は三巻のうち巻一のみに四十九日分あり、原典では上部の欄外に小字で書かれているので判読不可能な文字もある。

食事記録のある四十九日の食事回数は、朝餉三、夕餉四十六、夜餉四十三で合計九十二回である。一日の食事回数は江戸初期には一般に朝夕二回、貞享（一六八四〜八八）の前後から夜食が加わり、寛政（一七八九〜一八〇一）頃から三回になったというから、夕餉は昼食、夜餉は夕食と考えられる。

再現料理は安永四年十二月四日、森田座で観劇し、芝居茶屋猿屋でとった夕餉である。「汁（根芋　摘肉）、鱠（平魚　卵掛　大根）、平（鴨　松茸　芹　蒲鉾　くわへ）、漬物（はりく）、焼物（平魚）」とあり、飯は茶飯などの変わり飯以外は記載を省略している。汁の根芋は辞書には「里

料理法

❶**汁**　汁の摘入は、鯛3、車海老7の割合。汁はみそ澄まし（9月の項参照）。

❷**鱠**　黄身酢は、卵の黄身に酒・みりんを加え湯煎で練り、冷めてから煎酒酢を加える。

❸**平**　鴨・松茸・蒲鉾はそれぞれ付け焼にし、里芋とくわいは下茹での後に煮る。

❹**漬物**　大根は薄く小口切りにして天日に干し、煮切酒5・醤油1・酢2を合わせて漬ける。

❺**焼物**　角に切った鯛を一つは塩焼、一つは醤油の付け焼にして竹串を打って小串焼とする。現在でも弁当や折詰に入れる焼物を小串とよんでいる。

芝居茶屋の様子。歌川豊国《当世四季之詠冬之部》　安政4年（1857）　国立国会図書館蔵

芋の葉柄の基部にできる孫芋」とあるが、再現には里芋を用いた。わからないのは摘肉で、九十二回の食事の中に、汁の摘肉が四回、煮物には単に肉とあるほか摺肉・摘肉・切肉などの名で三十五回、焼物には肉付焼が一回ある。鳥肉では当時は鴨が好まれ、記録にも鴨はあるので獣肉ではないだろうか。江戸時代には表向き獣肉食は忌避されたが、実際にはかなり行われていたらしく、江戸には「ももんじ屋」と呼ばれた獣店《けものだな》があり、彦根藩主から将軍家への牛肉味噌漬の献上が恒例になっていたことはよく知られている。摘肉が獣肉としても牛か兎かなど不明なので、この日の森田座には三升《みます》（五代目団十郎）が出演しており、市村座には海老蔵（四代目団十郎）が出ているところから、福田氏は摘肉を海老摘入として再現された。

鱠の平魚は『和漢三才図会』（一七一二）の鯛の項に平《タイラ》魚《ウオ》として略してタイとある。卵掛は料理書にも見当たらず、黄身酢とした。九十二回の食事で刺身の記載はなく、鱠も十六回と少なく、主材料は鯛・細魚《さより》・鱸《すずき》・鯔《ぼら》などである。

平《ひら》の煮物は原典にはないが旬の里芋を加えて作られ、試食の私たちは一層の口福に恵まれた。なお、くわへはくわいのこと。

漬物のはり〳〵は干大根の二杯酢漬で、現在と同じである。

夕餉は幕間にとり、打ち出しは現在の時刻で午後八時頃、そのあと信鴻はきのし屋へ寄り蕎麦を食べ、午後十時頃出発し、十二時頃帰着とある。五人の供を従えてはいるが往復徒歩で、当時の森田座は木挽町（現在の中央区銀座）にあった。

調理場に立ち、豆腐に包丁を入れる福田さん。
江戸前料理の名店「なべ家」は東京大塚にある。

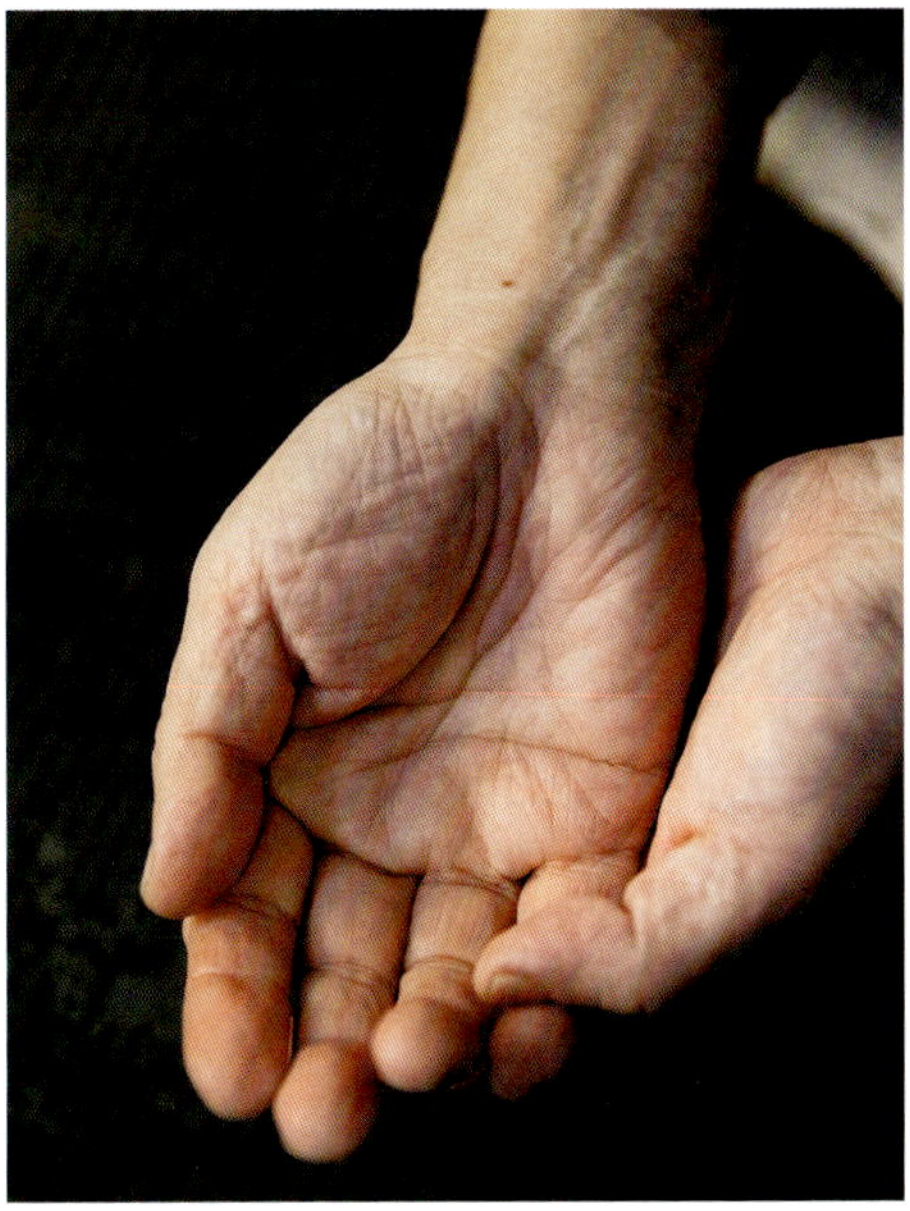

福田さんの手のひら。じつにやさしい表情をしていた。

料理の再現について

福田浩

大正時代に『料理大鑑』を編纂し戦後もその復刊に情熱を傾けた長谷川青峰翁（一八八四〜一九七一）は「料理人ほど本を読まぬ人種はおらん」というのが口癖でした。時を経てある日、食物史家の平野雅章氏（一九三一〜二〇〇八）から「近く江戸時代の料理本を読む会が出来るからいらっしゃい」とのお誘いをいただき、川上行藏博士（一八九八〜一九九四）主宰の「料理書原典研究会」（一九七四年発足）に参加することになりました。いまや川上先生の衣鉢を継ぐ松下幸子先生にお目にかかったのもこのときでした。博士亡きあとは「食生活史研究会」と改称して現在に至っております。

「料理書原典研究会」は文字通り江戸時代の料理書を原典で読むというもので、月一回の川上先生の講義には食物に関わるあらゆる分野の専門家が全国から馳せ参じたものです。

江戸時代の料理書は変体仮名まじりの崩し字で読みにくく、たとえ読めたとしても料理の専門用語や独特の言い回しに悩まされ、秘伝なりとか口伝ありともなると、もう五里霧中の世界に迷いこんだ感じです。

そうこうして『料理物語』（一六四三）をはじめ何冊か読み進んでいくうち、本を読むだけでなく実際に料理を再現し、味わってみようではないかということになり、命ぜられて女子栄養大学の上田フサ名誉教授（一九一〇〜二〇〇〇）の調理研究室で助手の先生たちと文字通り試行錯誤を繰り返しました。川上先生はじめ試食の面々は首をかしげたり、うなずいたり、最初は料理の再現に疑問を呈しておられた人も「料理は作る

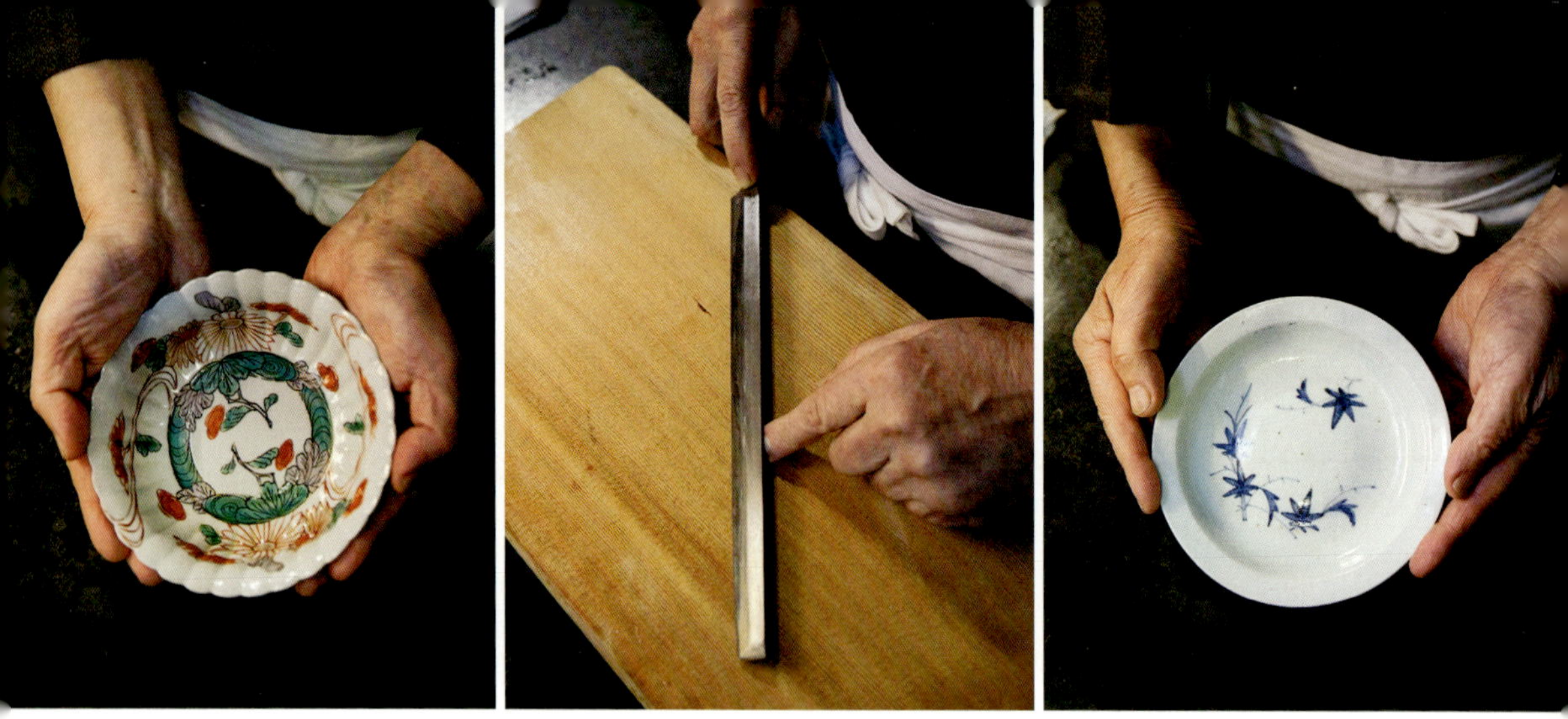

福田さんがふだん使っている刺身包丁と江戸期の器。
関東式の刺身包丁は刀先まで四角いという。

こと、食べることでわかることがあるかもしれないな」と後押しをして下さるようになったのはうれしい限りでした。

最初に取りあげたのは天明二年（一七八二）の『豆腐百珍』でした。本書は正編、続編、余録などを合せると三百種近い料理を紹介しているように、豆腐という素材がさまざまな食材と組み合せ自在で格好のテキストであろうと会員の意見が一致したからです。

ところで江戸時代の料理の正確な再現はまず無理な話です。料理本は材料や調味料の説明がはっきりせず、作り方にしても大まかで、たとえわかったとしても材料たる魚鳥蔬菜の持ち味や調味料の塩、酢、みそ、醤油などの品質が当時と現今のものとは随分違う筈です。熱源にしても薪炭時代の武火《つよび》・文火《よわび》とガス・電気の強火・弱火と同等ではないでしょう。したがって出来上った料理は似て非なるものといわざるを得ません。と云い放しでは身も蓋もないことで、そもそも料理や味というものは本来、手から手へ、口から口へと五感を通し伝えられ、連綿と続いているわけで筆紙の及ばぬこともあり、それが秘伝・口伝ということになるのでしょう。

川上先生は料理古書の研究に手を染めた頃は「料理の本というのは実にわかりにくい、わかるようであって細かいことはわからない、隔靴掻痒の感じでした」とおっしゃっていました。本書『江戸の献立』では松下幸子先生の的確な史料の選択と行きとどいた料理の解説のおかげで楽しく勝手気儘に料理をさせていただきましたが、食器や道具に正確さを欠いた面があり大方のご批判を覚悟しております。

再現料理の場合、料理もさることながら時代の雰囲気といったものを醸し出すことが大切で、膳椀皿鉢などすくなくとも同時代かそれ以前の時代のものを用意しなければなりません。料理と器の関りの深さを考えさせられたことでありました。

「なべ家」の食器棚と、江戸時代の料理書を見る福田さん。

おわりに

松下幸子

本書は『小説新潮』の二〇一〇年九月号から、二〇一一年八月号までの一年間に連載された「江戸のもてなし」をまとめたものである。江戸時代の日記や記録で食事記録のあるものを選び、もてなしに相当する会食の記録を探し、その献立を再現して解説を加えた。

江戸時代に食事まで記録した日記は少ない上に、とり上げたものは私の知る範囲に限られ、一年の各月を揃えるための制限もあり、日記の選択が最善のものとはいえない心残りがある。

しかし、料理書に書かれた料理の再現とは違って、食事の日時や会食者が特定できる料理の再現は、当時の食生活を知る手がかりになり、毎回試食させていただいた私には貴重な体験だった。再現に用いた日記の多くは、社会の上層階級に属する大名・武士・大商人や流行作家のもので、またもてなし料理のためご馳走が多く、美味を堪能させていただき、料理を担当された福田浩氏には感謝のほかはない。

本書は『小説新潮』二〇一〇年九月号より二〇一一年八月号まで連載された「江戸のもてなし」を増補・再編集したものです。「はじめに」「江戸時代の食文化」「料理の再現について」「おわりに」は本書のための書下ろしです。

参考文献

国書刊行会編『新群書類従　第一巻』国書刊行会　一九〇八年
桜井秀、足立勇『日本食物史』雄山閣　一九三四年
笹川臨風、足立勇『近世日本食物史』雄山閣　一九三五年
喜多村信節『嬉遊笑覧』緑園書房　一九五八年
井原西鶴『日本古典文学全集四十　井原西鶴集三』谷脇理史、神保五彌、暉峻康隆校注・訳　小学館　一九七二年
三田村鳶魚『三田村鳶魚全集　第二巻　お大名の話　武家の生活　武家の婚姻　ほか』中央公論社　一九七五年
三田村鳶魚編『未刊随筆百種　第十二巻』中央公論社　一九七八年
川上行藏編著『シリーズ食文化の発見五　料理文献解題』柴田書店　一九七八年
吉井始子編『翻刻江戸時代料理本集成　第一巻』臨川書店　一九七八年
岩本活東子編『新燕石十種　第六巻』中央公論社　一九八一年
中野三敏編『江戸名物評判記集成』岩波書店　一九八七年
艸田寸木子『女重宝記・男重宝記　元禄若者心得集』長友千代治校註　現代教養文庫　一九九三年
松下幸子、榎木伊太郎編『再現江戸時代料理』小学館　一九九三年
日本随筆大成編輯部編『日本随筆大成　新装版　別巻二』吉川弘文館　一九九六年
松下幸子『図説　江戸料理事典』柏書房　一九九六年
渡辺信一郎『江戸川柳飲食事典』東京堂出版　一九九六年
喜田川守貞『近世風俗志（守貞謾稿）』宇佐美英機校訂　全五冊　岩波文庫　一九九六〜二〇〇二年
加藤友康ほか編『日本史総合年表』吉川弘文館　二〇〇一年

料理助手
土田清　宇津木温子

写真
佐藤慎吾（新潮社写真部）

編集協力・ブックデザイン
長田年伸

シンボルマーク
久里洋二

「とんぼの本」は、美術、歴史、文学、旅をテーマとするヴィジュアルの入門書・案内書のシリーズです。創刊は1983年。シリーズ名は「視野を広く持ちたい」という思いから名づけたものです。

とんぼの本

江戸《えど》の献立《こんだて》

発行	2013年1月30日
著者	福田浩《ふくだひろし》　松下幸子《まつしたさちこ》　松井今朝子《まついけさこ》
発行者	佐藤隆信
発行所	株式会社新潮社
住所	〒162-8711 東京都新宿区矢来町71
電話	編集部 03-3266-5611 読者係 03-3266-5111
ホームページ	http://www.shinchosha.co.jp/tonbo/
印刷所	大日本印刷株式会社
製本所	加藤製本株式会社
カバー印刷所	錦明印刷株式会社

ISBN978-4-10-602239-5 C0377